Descubra Juegos Gratis Online

Disponibles Aquí:

BestActivityBooks.com/FREEGAMES

5 CONSEJOS PARA EMPEZAR

1) CÓMO RESOLVER LAS SOPA DE LETRAS

Los rompecabezas tienen un formato clásico:

- Las palabras se ocultan sin espacios ni guiones,...
- Orientación: Las palabras pueden escribirse hacia delante, hacia atrás, hacia arriba, hacia abajo o en diagonal (pueden estar invertidas).
- Las palabras pueden superponerse o cruzarse.

2) APRENDIZAJE ACTIVO

Junto a cada palabra hay un espacio para anotar la traducción. Para fomentar un aprendizaje activo, un **DICCIONARIO** al final de esta edición te permitirá comprobar y ampliar tus conocimientos. Busca y anota las traducciones, encuéntralas en el puzzle y añádelas a tu vocabulario!

3) MARCAR LAS PALABRAS

Puedes inventar tu propio sistema de marcado. ¿Quizás ya usas uno? También puedes, por ejemplo, marcar las palabras difíciles de encontrar con una cruz, las que te gustan con una estrella, las nuevas con un triángulo, las raras con un diamante, etc.

4) ESTRUCTURAR EL APRENDIZAJE

Esta edición ofrece un **CUADERNO DE NOTAS** muy práctico al final del libro. En vacaciones, de viaje o en casa, podrás organizar fácilmente tus nuevos conocimientos sin necesidad de un segundo cuaderno!

5) ¿HABÉIS TERMINADO TODAS LAS PARRILLAS?

En las últimas páginas de este libro, en la sección **DESAFÍO FINAL**, encontrarás un juego gratis!

¡Rápido y sencillo! Echa un vistazo a nuestra colección de libros de actividades para tu próximo momento de diversión y aprendizaje, ¡a sólo un clic de distancia!

Encuentre su próximo reto en:

BestActivityBooks.com/MiProximoLibro

En sus marcas, listos, ¡Ya!

¿Sabías que hay unas 7.000 lenguas diferentes en el mundo? Las palabras son preciosas.

Nos encantan los idiomas y hemos trabajado duro para crear libros de la más alta calidad para tí. ¿Nuestros ingredientes?

Una selección de temas adecuados para el aprendizaje, tres buenas porciones de entretenimiento, y luego añadimos una cucharada de palabras difíciles y una pizca de palabras raras. Los servimos con cariño y máxima diversión para que puedas resolver los mejores juegos de palabras y te diviertas aprendiendo!

Tu opinión es esencial. Puedes participar activamente en el éxito de este libro dejándonos un comentario. Nos encantaría saber qué es lo que más le ha gustado de esta edición.

Aquí hay un enlace rápido a tu página de pedidos:

BestBooksActivity.com/Opiniones50

Gracias por tu ayuda y diviértete!

Todo el equipo

1 - Ajedrez

```
U  J  V  L  T  K  J  L  R  P  K  I  Z  S
N  E  G  R  U  I  K  Y  E  A  X  D  E  A
T  U  D  Y  C  A  M  Ţ  G  S  I  I  Ţ  C
M  G  Z  I  C  G  Z  P  E  I  Q  A  A  R
H  T  P  V  C  C  K  D  N  V  Ţ  G  D  I
A  L  B  U  O  E  A  P  O  H  Q  O  A  F
C  D  U  I  N  T  E  L  I  G  E  N  T  I
A  T  V  B  C  C  B  I  E  V  R  A  N  C
M  U  F  E  U  K  T  J  O  C  P  L  V  I
P  R  U  J  R  J  R  E  G  I  N  Ă  U  U
I  N  H  Ţ  S  S  J  U  C  Ă  T  O  R  C
O  E  B  S  T  R  A  T  E  G  I  E  C  A
N  U  S  A  S  E  O  R  E  G  U  L  I  B
T  L  B  O  X  T  L  Z  T  H  H  B  Z  Ţ
```

ALB
CAMPION
CONCURS
DIAGONALĂ
STRATEGIE
INTELIGENT
JOC
JUCĂTOR
NEGRU

ADVERSAR
PASIV
PUNCTE
REGULI
REGINĂ
REGE
SACRIFICIU
TIMP
TURNEU

2 - Agua

```
W  K  Y  L  V  X  L  O  U  O  X  B  X  A
U  M  I  D  I  T  A  T  E  C  C  R  A  B
C  J  X  M  U  P  J  Î  N  G  H  E  Ț  U
P  Ț  A  J  O  C  L  A  C  G  G  I  A  R
Z  Ă  P  A  D  Ă  T  O  B  V  X  M  M  N
G  V  A  L  U  R  I  R  A  D  Q  R  U  W
H  H  N  J  I  Â  J  U  M  I  H  Y  S  G
E  I  E  M  A  U  Z  X  S  J  E  Z  O  C
A  R  H  I  N  U  N  D  A  Ț  I  I  N  U
Ț  I  T  L  Z  F  M  C  E  P  B  W  L  M
Ă  G  N  I  L  E  V  A  P  O  R  A  R  E
L  A  L  R  M  D  R  N  T  W  I  G  L  D
P  R  H  E  W  U  R  A  G  A  N  T  I  E
R  E  Ț  B  M  Ș  J  L  G  B  Ț  X  N  C
```

CANAL
DUȘ
EVAPORARE
GHEIZER
ÎNGHEȚ
GHEAȚĂ
UMIDITATE
URAGAN
UMEDE
INUNDAȚII

LAC
PLOAIE
MUSON
ZĂPADĂ
OCEAN
VALURI
IRIGARE
RÂU
ABUR

3 - Granja #2

```
H  L  U  N  C  Ă  F  K  P  O  R  U  M  B
L  A  I  R  D  K  R  E  G  R  Â  U  U  H
I  M  M  W  B  H  A  Ţ  R  Z  D  H  K  A
V  Ă  V  B  G  Q  Ţ  E  V  M  C  T  I  N
A  F  E  W  A  F  Ă  T  C  B  I  Q  I  I
D  C  G  N  T  R  A  C  T  O  R  E  I  M
Ă  M  E  E  B  U  H  S  U  Z  H  Z  R  A
G  S  T  M  S  C  T  T  E  V  U  L  B  L
M  O  A  Z  Z  T  Z  U  O  G  V  A  M  E
I  I  L  P  O  U  M  P  S  F  Q  P  G  F
B  P  E  V  A  T  Q  M  P  Ă  S  T  O  R
U  D  A  L  I  M  E  N  T  E  Z  E  L  K
V  K  K  Ţ  E  I  R  I  G  A  R  E  M  P
J  N  L  R  F  Y  D  O  P  U  R  S  Y  H
```

FERMIER	LAMĂ
ANIMALE	PORUMB
ORZ	OAIE
STUP	PĂSTOR
ALIMENTE	RAŢĂ
MIEL	LUNCĂ
FRUCT	IRIGARE
HAMBAR	TRACTOR
LIVADĂ	GRÂU
LAPTE	VEGETAL

4 - Mueble

```
L H N O P A L B O F N C E O
L A M P Ă K I I G G U F X N
P M O A Q V L B L S U T Ţ F
E A D T X W U L I O P U O J
R C I D T A B I N J R R L N
D A S C A U N O D B B G B O
E N F Ţ N R E T Ă A I E W Y
L A O T T Y G E I N R V U K
E P T Y U P L C Ţ C O V O R
D E O Q P R I Ă G Ă U W Ţ L
S A L T E A I D U L A P Z B
C O I X R W I H N H V G H E
L U U G N Z H N Q L X Z I H
Z K Z P E R N Ă U J N S L D
```

COVOR
PERNĂ
BANCĂ
PAT
PERNE
SALTEA
PERDELE
DULAP
BIROU

OGLINDĂ
BIBLIOTECĂ
RAFTURI
FUTON
HAMAC
LAMPĂ
SCAUN
FOTOLIU
CANAPEA

5 - Pesca

```
B  R  A  N  H  I  I  H  F  Ţ  E  R  C  U
T  Q  S  E  Z  O  N  Y  M  S  X  Ă  O  X
P  F  S  O  E  F  A  L  C  Ă  A  B  Ş  C
J  Y  J  Ţ  C  K  U  R  O  D  G  D  I  Â
H  H  K  T  H  E  R  T  V  R  E  A  S  R
A  R  I  P  I  O  A  R  E  Â  R  R  B  L
B  Z  P  O  P  M  W  N  J  U  A  E  P  I
A  A  C  T  A  B  O  D  J  C  R  Q  W  G
R  M  P  Y  M  U  W  M  V  A  E  W  K  X
C  S  O  Ă  E  C  Q  N  E  P  L  A  J  Ă
Ă  Â  J  C  N  Ă  B  E  Y  A  U  I  N  P
B  R  W  E  T  T  Q  Ţ  W  L  L  L  A  C
Ţ  M  G  K  A  A  U  E  Y  J  C  Ă  T  E
T  Ă  E  L  G  R  E  U  T  A  T  E  Ţ  V
```

APĂ   CÂRLIG
ARIPIOARE   LAC
BARCĂ   FALCĂ
BRANHII   OCEAN
SÂRMĂ   RĂBDARE
MOMEALĂ   GREUTATE
COŞ   PLAJĂ
BUCĂTAR   RÂU
ECHIPAMENT   SEZON
EXAGERARE

6 - Aviones

```
A H C T A V E N T U R Ă P V
L C O M B U S T I B I L W Q
T P N I Ț M E L I C E A S G
I I S J R O E Y M A H K E E
T L T A H T P A S A G E R R
U O R N I O J T R P B C A K
D T U M D R F E B Y R H T V
I O C O R M L R J Ț P I M I
N S Ț D O P P I P P H P O U
E Z I E G U S Z U V G A S B
X W E L E D G A P Z A J F A
S T M D N D I R E C Ț I E L
I S T O R I E E A T V W R O
V O P G Z B U C E R K X Ă N
```

AER
ALTITUDINE
ATERIZARE
ATMOSFERĂ
AVENTURĂ
CER
COMBUSTIBIL
CONSTRUCȚIE
DIRECȚIE

MODEL
BALON
ELICE
HIDROGEN
ISTORIE
MOTOR
PASAGER
PILOT
ECHIPAJ

7 - Tipos de Cabello

```
A  L  O  N  W  Ţ  Y  G  I  X  U  N  Y  S
D  Ţ  N  E  B  K  U  K  R  U  E  R  F  Ă
S  W  D  G  J  X  B  L  L  I  G  Q  R  N
S  M  U  R  F  C  B  L  U  N  G  O  O  Ă
C  O  L  U  H  R  M  E  U  H  A  Ţ  J  T
U  A  A  L  B  E  B  H  I  C  M  A  R  O
R  L  T  C  W  T  P  R  O  I  I  D  H  S
T  E  G  R  O  S  B  U  C  L  E  O  Q  U
U  S  C  A  T  R  X  C  H  T  M  E  S  B
E  J  R  S  Q  B  I  Y  E  N  C  T  V  Ţ
F  B  V  S  I  Y  L  V  L  R  Z  B  G  I
E  H  Y  Q  K  F  V  O  Y  Z  V  W  O  R
Î  M  P  L  E  T  I  T  N  H  G  I  V  E
Ţ  A  R  G  I  N  T  W  M  D  B  E  N  R
```

ALB	ONDULAT
LUCIOS	ARGINT
CHEL	CRET
SCURT	BUCLE
SUBŢIRE	BLOND
GRI	SĂNĂTOS
GROS	USCAT
LUNG	MOALE
MARO	ÎMPLETIT
NEGRU	

8 - Ciencia Ficción

```
F U T U R I S T E Ţ U Q F R
I M A G I N A R X Y S M Ţ V
X Î N D E P Ă R T A T Z O H
E X P L O Z I E R V L M O Ţ
O R A C O L M R E A L I S T
U Q S Z A R M W M Q F P P G
Y K U P H I H R C I N E M A
N I I G L I L U Z I E R U L
X T K T Ţ A F U E Q I O T A
A T O M I C N X M V F B O X
Q Q E F W O S E P E E O P I
K S F A N T A S T I C Ţ I E
Ţ B G O C Ă R Ţ I Ă R I E S
U E J T C M I S T E R I O S
```

ATOMIC

CINEMA

ÎNDEPĂRTAT

EXPLOZIE

EXTREM

FANTASTIC

FOC

FUTURIST

GALAXIE

ILUZIE

IMAGINAR

CĂRŢI

MISTERIOS

LUME

ORACOL

PLANETĂ

REALIST

ROBOŢI

UTOPIE

9 - Juguetes

```
C A M I O N T W X S M B O Y
U V O L X K R O R Q E I B X
M I N G E M E S B P Ş C R V
T O B S T G N A X E T I A L
T N F V L P P X A G E C B F
F J F K M W L Ş M L Ş L U T
R O B O T A Z E A K U E B F
Ţ C C Y O S O D Ş H G T A A
B U Ă I J P T R I Q U Ă R V
J R R C X U Ă X N F R R C O
A I Ţ M V Z B P Ă Z I D Ă R
R Z I P I Z M E U Z U Z N I
V O P S E L E U E Ş Y G C T
X F N G E E T L N Z Ă R E E
```

ŞAH
LUT
MEŞTEŞUGURI
AVION
BARCĂ
BICICLETĂ
MINGE
CAMION
MAŞINĂ
ZMEU

FAVORIT
JOCURI
CĂRŢI
PĂPUŞĂ
VOPSELE
ROBOT
PUZZLE
TOBE
TREN

10 - Circo

```
A W S P E C T A C U L O S J
E O C F N V P Z M A G I E O
E C Ţ S P E C T A T O R Z N
B O M B O A N E I D A L N G
Y S A B M C M Ţ M U Q M G L
D T G A U R R R U H O P L E
Y U I L Z O J V Ţ X Q A Y R
Q M C O I B D F Ă C O R T L
D R I A C A I E L E F A N T
C H A N Ă T S V Z E C D G B
N L N E L M T I G R U Ă F D
G X O T T Z R Y T R U C T B
P S O V F Ţ A A N I M A L E
B F Q S N E F B M X S L X J
```

ACROBAT
ANIMALE
BOMBOANE
CORT
PARADĂ
ELEFANT
DISTRA
SPECTACULOS
SPECTATOR
BALOANE

LEU
MAGIE
MAGICIAN
JONGLER
MAIMUŢĂ
MUZICĂ
CLOVN
TIGRU
COSTUM
TRUC

11 - Rellenar

```
T  V  S  B  U  Z  U  N  A  R  B  U  W  Y
P  B  A  A  Ţ  O  Ţ  G  I  C  U  T  I  E
Ţ  D  B  L  C  A  D  Ă  E  O  T  U  F  I
W  X  O  V  I  Y  V  L  O  Ş  O  B  H  H
K  R  R  S  H  Z  F  E  G  D  I  S  X  L
S  H  C  S  A  Q  Ă  A  F  S  Z  A  T  G
E  T  A  V  Ă  R  W  T  B  S  U  E  S  E
R  R  N  T  C  E  S  Ă  G  Z  N  T  T  P
T  P  S  L  A  L  N  U  C  B  A  Z  I  N
A  A  V  T  S  C  F  Z  D  S  A  V  C  X
R  C  A  Y  O  V  N  S  V  O  N  M  L  R
N  H  Z  P  L  I  C  P  P  T  E  Ţ  Ă  R
A  E  Ă  I  W  D  C  O  O  R  K  I  J  B
B  T  O  V  G  O  K  Z  Q  W  W  D  U  N
```

TAVĂ	COŞ
CADĂ	GĂLEATĂ
BUTOI	BAZIN
SAC	VAZĂ
BUZUNAR	VALIZĂ
STICLĂ	PACHET
CUTIE	PLIC
SERTAR	BORCAN
DOSAR	TUB

12 - Granja #1

```
W  G  K  X  A  S  F  I  H  O  U  Z  Î  Y
P  O  M  G  G  L  E  Q  W  N  R  F  N  R
U  M  P  Z  R  L  B  M  Ă  G  A  R  G  L
H  A  R  L  I  E  F  I  I  I  S  W  R  S
C  A  L  U  C  Q  C  Q  N  N  Ţ  C  Ă  O
I  A  D  F  U  A  Â  T  O  Ă  Ţ  P  Ş  C
O  R  E  Z  L  G  M  I  E  R  E  E  Ă  N
A  E  Z  A  T  O  P  I  F  R  B  A  M  T
R  S  A  O  U  C  C  T  Â  L  E  O  Â  U
Ă  X  G  D  R  O  A  V  N  R  D  N  N  H
G  A  R  D  Ă  G  P  I  S  I  C  Ă  T  Y
M  H  V  A  C  Ă  R  Ţ  A  O  A  P  Ă  A
P  U  I  S  Q  A  Ă  E  C  Â  I  N  E  P
A  Q  T  Q  Ţ  Y  R  L  Y  U  Ţ  S  J  Q
```

ALBINĂ	PISICĂ
AGRICULTURĂ	FÂN
APĂ	MIERE
OREZ	CÂINE
MĂGAR	PUI
CAL	SEMINŢE
CAPRĂ	VIŢEL
CÂMP	TEREN
CIOARĂ	VACĂ
ÎNGRĂŞĂMÂNT	GARD

13 - Camping

```
H  A  R  T  Ă  M  V  T  E  L  P  Y  A  E
A  F  E  L  I  N  A  R  H  Ţ  T  W  D  B
M  Y  V  Â  N  Ă  T  O  A  R  E  E  H  Ţ
A  H  I  F  S  F  I  I  Z  Y  L  B  F  M
C  U  H  O  E  H  C  G  A  B  A  U  R  P
N  H  F  Z  C  O  P  A  C  I  C  S  Â  N
A  V  E  N  T  U  R  Ă  B  N  Y  O  N  A
F  X  P  F  Ă  B  P  Ţ  D  I  X  L  G  T
P  Ă  L  Ă  R  I  E  F  Q  U  N  Ă  H  U
U  K  N  Ţ  C  A  N  O  E  O  R  Ă  I  R
A  N  I  M  A  L  E  C  S  Q  C  E  E  Ă
Ţ  U  L  O  R  U  M  M  U  N  T  E  T  Z
Q  H  R  S  R  N  I  I  D  N  A  K  Ţ  D
E  C  H  I  P  A  M  E  N  T  T  O  G  B
```

ANIMALE	FOC
AVENTURĂ	HAMAC
COPACI	INSECTĂ
PĂDURE	LAC
BUSOLĂ	FELINAR
CABINĂ	LUNA
CANOE	HARTĂ
VÂNĂTOARE	MUNTE
FRÂNGHIE	NATURĂ
ECHIPAMENT	PĂLĂRIE

14 - Fruta

```
B  Z  O  A  L  A  Q  O  A  N  N  C  G  Z
O  R  R  V  T  B  Z  Ț  N  U  E  A  M  M
B  Ț  P  W  W  Q  A  C  T  C  C  I  Q  E
A  V  O  C  A  D  O  C  M  Ă  T  S  O  U
N  L  R  Ț  U  P  J  Q  Ă  D  A  Ă  P  R
A  Ă  T  G  U  A  V  A  M  E  R  C  E  Ă
N  M  O  P  V  P  V  N  A  C  I  I  P  V
Ă  Â  C  A  S  A  K  A  N  O  N  R  E  Ț
S  I  A  R  D  Y  E  N  G  C  Ă  E  N  K
A  E  L  Ă  A  A  O  A  O  O  U  A  E  N
E  K  I  W  I  Ț  A  S  A  S  M  Ș  E  G
Ț  Q  U  P  I  E  R  S  I  C  Ă  Ă  B  H
J  K  B  X  S  T  R  U  G  U  R  I  R  Z
L  Y  B  M  M  W  L  Y  W  H  X  B  T  W
```

AVOCADO	MĂR
CAISĂ	PIERSICĂ
BACĂ	PEPENE
CIREAȘĂ	PORTOCALIU
NUCĂ DE COCOS	NECTARINĂ
ZMEURĂ	PAPAYA
GUAVA	PARĂ
KIWI	ANANAS
LĂMÂIE	BANANĂ
MANGO	STRUGURI

15 - Geología

```
P  I  A  T  R  Ă  L  S  C  U  A  R  Ţ  C
V  U  L  C  A  N  O  A  Y  Ţ  C  P  B  U
O  N  U  H  L  M  B  Z  V  S  I  P  M  T
P  Z  J  N  S  Q  D  B  Z  Ă  D  L  I  R
S  F  W  C  R  I  S  T  A  L  E  A  N  E
A  T  C  A  L  C  I  U  W  S  O  T  E  M
R  C  A  F  T  Y  W  Q  Ţ  J  X  O  R  U
E  O  V  L  O  H  S  T  R  A  T  U  A  R
R  R  E  V  A  S  V  Q  G  W  L  Y  L  W
V  A  R  C  M  C  I  G  H  E  I  Z  E  R
O  L  N  K  U  Q  T  L  S  H  C  K  I  V
N  F  Ă  E  R  O  Z  I  U  N  E  C  Z  G
S  T  A  L  A  G  M  I  T  E  W  L  P  X
C  O  N  T  I  N  E  N  T  E  X  S  G  R
```

ACID	STALAGMITE
CALCIU	FOSIL
STRAT	GHEIZER
CAVERNĂ	LAVĂ
CONTINENT	PLATOU
CORAL	MINERALE
CRISTALE	PIATRĂ
CUARŢ	SARE
EROZIUNE	CUTREMUR
STALACTIT	VULCAN

16 - Plantas

```
Z T O U Z J C F U T R T C P
E O I W U P C R M U Ș C H I
C A C T U S O U D F A O I F
Q W N M F J R N M I E S E R
I C F W L M K Z F Ș G K D U
G C O P A C P E T A L Ă E N
R R Z E M V Ă D P O S B R Z
Ă F Ă I Q Y D U M B F O Ă Ă
D L A D Z S U B D A L T L U
Ă O N R I A R B Ă M O A Ț E
C R A Ț Ț N E H T B A N S U
I Ă W Y A I Ă E O U R I N R
N F H Ț Q B A C Ă S E C T R
Ă V E G E T A Ț I E U Ă R H
```

TUFIȘ
COPAC
BAMBUS
BACĂ
PĂDURE
BOTANICĂ
CACTUS
FLOARE
FLORĂ
FRUNZE

FASOLE
IEDERĂ
IARBĂ
FRUNZĂ
GRĂDINĂ
MUȘCHI
PETALĂ
RĂDĂCINĂ
VEGETAȚIE

17 - Suministros de Arte

```
T  Q  S  A  A  U  R  M  S  A  Y  H  Q  E
A  J  I  C  U  L  E  I  Z  C  Z  D  Y  M
B  P  I  R  Y  I  Z  F  D  U  A  V  Z  J
E  J  V  I  X  P  C  L  H  A  U  U  C  A
L  U  O  L  R  I  F  C  J  R  O  W  N  P
I  M  P  I  N  C  E  R  N  E  A  L  Ă  A
H  D  S  C  V  I  W  R  D  L  F  K  N  R
C  R  E  I  O  A  N  E  L  E  J  P  J  A
F  M  L  I  R  A  D  I  E  R  Ă  L  U  T
C  R  E  A  T  I  V  I  T  A  T  E  A  F
C  U  L  O  R  I  H  Â  R  T  I  E  P  O
P  E  R  I  I  A  Ț  Z  Y  F  T  Z  Ă  T
P  A  S  T  E  L  U  R  I  N  U  T  C  O
P  Ș  E  V  A  L  E  T  G  H  X  Z  Z  I
```

ULEI	CREATIVITATE
ACRILIC	IDEI
ACUARELE	CREIOANE
APĂ	TABEL
LUT	HÂRTIE
RADIERĂ	PASTELURI
ȘEVALET	LIPICI
APARAT FOTO	VOPSELE
PERII	SCAUN
CULORI	CERNEALĂ

18 - Jardín

```
M  I  T  V  R  W  S  G  A  Z  O  N  G  T
Q  A  Q  R  E  C  X  Q  Ţ  H  W  B  R  R
N  U  B  X  B  R  E  P  D  R  G  U  E  A
E  F  Q  U  X  A  A  V  Y  F  A  F  B  M
P  L  F  U  R  T  U  N  R  J  R  S  L  B
T  O  O  I  L  U  T  U  D  B  A  B  Ă  U
A  A  Ţ  T  U  F  I  Ş  W  Ă  J  N  J  L
G  R  Ă  D  I  N  Ă  E  G  A  R  D  K  I
H  E  T  B  A  C  F  Ţ  N  A  Y  L  A  N
A  B  J  E  Z  O  N  A  P  I  A  R  B  Ă
M  A  Q  E  R  P  E  T  M  O  R  U  V  E
A  N  L  O  P  A  T  Ă  L  I  V  A  D  Ă
C  C  Y  L  C  C  S  O  L  T  Ţ  H  Z  U
N  Ă  Q  U  D  M  E  Ă  W  Y  M  J  K  D
```

TUFIŞ
COPAC
BANCĂ
GAZON
IAZ
FLOARE
GARAJ
HAMAC
IARBĂ
LIVADĂ

GRĂDINĂ
BURUIENI
FURTUN
LOPATĂ
VERANDĂ
GREBLĂ
SOL
TERASĂ
TRAMBULINĂ
GARD

19 - Países #2

```
L  I  Q  P  A  K  I  S  T  A  N  T  W  I
A  X  C  O  D  A  N  E  M  A  R  C  A  N
O  S  E  R  U  C  R  A  I  N  A  G  J  D
S  V  J  T  A  M  U  O  K  O  E  R  Z  O
P  P  Q  U  I  U  M  G  S  E  G  E  V  N
P  C  F  G  S  O  S  E  U  C  W  C  I  E
S  U  D  A  N  K  P  T  X  P  X  I  R  Z
G  W  S  L  B  G  Z  I  R  I  K  A  L  I
W  G  W  I  D  X  Y  M  A  A  C  O  A  A
J  F  N  A  F  R  A  N  Ţ  A  L  L  N  H
B  J  A  P  O  N  I  A  Z  X  H  I  D  D
A  L  B  A  N  I  A  U  G  A  N  D  A  A
Y  C  J  A  M  A  I  C  A  R  U  S  I  A
A  U  S  T  R  I  A  S  I  R  I  A  Z  D
```

ALBANIA	JAPONIA
AUSTRALIA	LAOS
AUSTRIA	MEXIC
DANEMARCA	PAKISTAN
ETIOPIA	PORTUGALIA
FRANŢA	RUSIA
GRECIA	SIRIA
INDONEZIA	SUDAN
IRLANDA	UCRAINA
JAMAICA	UGANDA

20 - Tecnología

```
S  A  N  C  U  R  S  O  R  O  P  I  W  S
O  I  S  T  A  T  I  S  T  I  C  I  I  E
P  G  A  N  B  L  O  G  B  Z  Y  V  F  C
V  Y  F  C  E  R  C  E  T  A  R  E  P  U
D  I  G  I  T  A  L  U  I  A  I  C  J  R
H  B  R  O  W  S  E  R  L  P  B  R  T  I
S  I  N  T  E  R  N  E  T  A  Y  A  Y  T
G  O  S  Z  U  Q  C  S  V  R  T  N  M  A
P  T  F  E  S  A  V  D  I  A  E  O  E  T
V  Z  O  T  E  X  L  A  R  T  S  Z  R  E
I  T  N  T  W  S  P  T  U  F  L  Ţ  Z  J
M  Ţ  T  E  A  A  S  E  S  O  A  V  E  L
R  M  E  S  A  J  R  G  P  T  J  T  G  L
B  F  J  F  I  Ş  I  E  R  O  B  J  O  Q
```

FIȘIER
BLOG
BYTES
APARAT FOTO
CURSOR
DATE
DIGITAL
STATISTICI
FONT
INTERNET

CERCETARE
MESAJ
BROWSER
CALCULATOR
ECRAN
SECURITATE
SOFTWARE
VIRTUAL
VIRUS

21 - Números

```
P A I S P R E Z E C E L K W
L U D O I S P R E Z E C E C
D O U Ă Z E C I J C V L Z I
F Ţ I I X C Ţ G S N I J U N
Ş A I S P R E Z E C E M Ș C
T R E I S P R E Z E C E A I
Ţ U O N O U Ă N Y Q J C S L
C I N C I S P R E Z E C E E
Z E C E H Y E U Z V Ţ F W H
C I S Ţ R L J D Ș E N R U V
P A T R U W E O A X R W U X
S U P L L L J I P J K O C Q
Z L E V G F P U T T R E I K
O P T S P R E Z E C E W A Q
```

PAISPREZECE	DOI
ZERO	NOUĂ
CINCI	OPT
PATRU	CINCISPREZECE
ZECIMAL	ȘASE
OPTSPREZECE	ȘAPTE
ȘAISPREZECE	TREISPREZECE
ZECE	TREI
DOISPREZECE	DOUĂZECI

22 - Mitología

```
C  B  D  C  O  T  L  A  B  I  R  I  N  T
M  R  Z  E  L  Ă  Y  R  S  X  Z  R  U  R
T  F  E  R  R  R  R  H  I  Y  Y  A  B  Ă
C  U  K  A  I  I  K  E  H  Z  O  K  L  Z
U  L  N  G  R  E  N  T  P  J  B  D  E  B
L  G  J  E  N  E  F  I  E  M  U  Q  G  O
T  E  E  L  T  F  Ă  P  T  U  R  Ă  E  I
U  R  J  O  M  O  N  S  T  R  U  A  N  N
R  E  F  Z  N  E  M  U  R  I  R  E  D  I
Ă  I  Ţ  I  E  E  R  O  U  T  Ţ  O  Ă  C
H  C  R  E  D  I  N  Ţ  E  O  A  M  K  H
D  E  Z  A  S  T  R  U  Z  R  Q  W  X  F
C  O  M  P  O  R  T  A  M  E  N  T  Y  F
Y  P  O  W  I  R  Ă  Z  B  U  N  A  R  E
```

ARHETIP
GELOZIE
CER
COMPORTAMENT
CREARE
CREDINŢE
FĂPTURĂ
CULTURĂ
DEZASTRU
TĂRIE

RĂZBOINIC
EROU
NEMURIRE
LABIRINT
LEGENDĂ
MONSTRU
MURITOR
FULGER
TUNET
RĂZBUNARE

23 - Ecología

```
F  M  Z  I  N  S  D  H  S  P  N  E  Q  D
J  L  A  U  M  D  U  A  P  L  A  D  L  I
V  V  O  R  Z  J  R  B  E  A  T  B  Z  V
C  O  R  R  I  Ţ  A  I  C  N  U  R  K  E
O  L  S  O  Ă  N  B  T  I  T  R  A  Q  R
M  U  X  R  U  F  I  A  E  E  Ă  O  U  S
U  N  F  R  M  I  L  T  L  Y  C  T  O  I
N  T  A  Y  S  R  Ă  G  L  O  B  A  L  T
I  A  U  N  V  E  G  E  T  A  Ţ  I  E  A
T  R  N  W  E  S  C  L  I  M  A  T  I  T
Ă  I  Ă  Ţ  S  C  N  E  C  V  U  J  Y  E
Ţ  J  B  B  M  L  A  Ş  T  I  N  Ă  P  F
I  R  E  S  U  R  S  E  E  Ă  O  N  J  D
J  I  Ţ  Y  T  V  A  R  I  E  T  A  T  E
```

CLIMAT	NATURĂ
COMUNITĂŢI	MLAŞTINĂ
DIVERSITATE	PLANTE
SPECIE	RESURSE
FAUNĂ	SECETĂ
FLORĂ	DURABILĂ
GLOBAL	VARIETATE
HABITAT	VEGETAŢIE
MARIN	VOLUNTARI
FIRESC	

24 - Casa

```
G  S  I  C  M  V  Y  V  A  G  D  B  P  M
Q  A  U  O  O  B  Q  A  C  R  O  I  O  Ă
K  R  R  B  I  V  X  G  O  Ă  R  B  D  T
B  Y  N  A  S  M  O  A  P  D  M  L  E  U
R  W  Z  N  J  O  H  R  E  I  I  I  A  R
G  A  R  D  G  Y  L  D  R  N  T  O  N  Ă
Q  N  W  G  W  I  C  N  I  Ă  O  T  Y  Y
R  V  G  V  F  C  A  U  Ș  Ă  R  E  H  J
O  G  L  I  N  D  Ă  V  S  P  M  C  U  D
B  X  A  M  A  N  S  A  R  D  Ă  Ă  L  T
I  I  M  J  Ț  C  Y  T  I  T  G  W  Z  Q
N  C  P  V  B  P  E  R  E  T  E  N  N  D
E  A  Ă  S  T  F  M  Ă  N  B  P  W  H  U
T  G  E  T  B  U  C  Ă  T  Ă  R  I  E  Ș
```

COVOR
MANSARDĂ
BIBLIOTECĂ
VATRĂ
BUCĂTĂRIE
DORMITOR
DUȘ
MĂTURĂ
OGLINDĂ
GARAJ

ROBINET
GRĂDINĂ
LAMPĂ
PERETE
PODEA
UȘĂ
SUBSOL
ACOPERIȘ
GARD

25 - Artes Visuales

```
K  A  A  C  Ă  R  B  U  N  E  P  C  C  S
C  E  R  A  M  I  C  Ă  B  T  E  A  R  C
N  E  T  P  I  C  T  U  R  A  R  P  E  U
N  G  I  W  S  F  P  A  I  P  S  O  I  L
C  B  S  P  I  X  I  P  M  O  P  D  O  P
Ș  E  T  U  M  S  V  L  S  R  E  O  N  T
X  E  A  R  G  I  L  Ă  M  T  C  P  C  U
J  X  V  R  J  G  D  K  B  R  T  E  R  R
Q  B  Ţ  A  Ă  N  G  J  G  E  I  R  E  Ă
I  U  R  Z  L  K  H  I  K  T  V  Ă  T  Z
A  R  H  I  T  E  C  T  U  R  Ă  J  Ă  G
N  N  I  L  F  O  T  O  G  R  A  F  I  E
C  R  E  A  T  I  V  I  T  A  T  E  A  O
I  M  N  C  O  M  P  O  Z  I  Ţ  I  E  V
```

ARGILĂ	SCULPTURĂ
ARHITECTURĂ	FOTOGRAFIE
ARTIST	CREION
LAC	CAPODOPERĂ
ȘEVALET	FILM
CĂRBUNE	PERSPECTIVĂ
CEARĂ	PICTURA
CERAMICĂ	PIX
COMPOZIȚIE	PORTRET
CREATIVITATE	CRETĂ

26 - Escuela #2

```
A  Ș  T  I  I  N  Ț  Ă  K  F  G  J  E  D
Y  C  A  L  C  U  L  A  T  O  R  O  I  I
F  C  A  L  E  N  D  A  R  J  A  C  T  C
R  B  E  D  U  C  A  Ț  I  E  M  U  G  Ț
P  I  H  U  E  S  W  M  E  X  A  R  Z  I
R  A  Z  A  Z  M  M  V  R  Q  T  I  L  O
O  U  U  K  Q  W  I  L  H  A  I  N  E  N
F  J  C  T  S  O  T  C  P  X  C  C  C  A
E  F  X  S  O  K  X  Y  Ț  M  Ă  R  T  R
S  P  A  C  A  B  H  Â  R  T  I  E  U  G
O  Ț  W  D  U  C  U  C  Ă  R  Ț  I  R  K
R  Q  P  R  O  V  I  Z  I  I  D  O  Ă  Ț
B  I  B  L  I  O  T  E  C  Ă  W  N  W  F
L  I  T  E  R  A  T  U  R  Ă  Z  X  L  I
```

ACADEMIC
AUTOBUZ
BIBLIOTECĂ
CALENDAR
ȘTIINȚĂ
DICȚIONAR
EDUCAȚIE
GRAMATICĂ
JOCURI
CREION

LECTURĂ
CĂRȚI
LITERATURĂ
RUCSAC
CALCULATOR
HÂRTIE
PROFESOR
HAINE
PROVIZII

27 - Selva Tropical

```
J  M  U  Ș  C  H  I  M  U  S  U  B  L  V
P  U  N  O  R  I  N  A  K  M  F  O  P  A
Ț  Ă  N  W  F  X  A  M  T  C  D  T  J  L
E  P  S  G  T  V  T  I  E  Q  J  A  X  O
Q  U  L  Ă  L  W  U  F  M  H  B  N  B  R
S  A  N  I  R  Ă  R  E  F  U  G  I  U  O
C  P  G  S  H  I  Ă  R  L  E  O  C  V  S
L  R  E  C  O  N  S  E  R  V  A  R  E  R
I  F  Q  C  C  O  M  U  N  I  T  A  T  E
M  R  H  S  I  I  N  D  I  G  E  N  E  S
A  K  D  T  H  E  I  N  S  E  C  T  E  P
T  R  E  S  T  A  U  R  A  R  E  H  Z  E
S  U  P  R  A  V  I  E  Ț  U  I  R  E  C
D  I  V  E  R  S  I  T  A  T  E  G  S  T
```

BOTANIC	NORI
CLIMAT	PĂSĂRI
COMUNITATE	CONSERVARE
DIVERSITATE	REFUGIU
SPECIE	RESPECT
INDIGENE	RESTAURARE
INSECTE	JUNGLĂ
MAMIFERE	SUPRAVIEȚUIRE
MUȘCHI	VALOROS
NATURĂ	

28 - Colores

```
P O R T O C A L I U I L V S
N Ț O K L Z Ț A A Z N B E W
Q M E V M U I L S Q D N R H
V A Z U R Q X B E T I M D Y
F I C Y A N U A P G G G E U
Y K O R O Ș U S I A O R F J
Z T G L D Z O T A L B I U K
G Y C M E B Z R M B H F C B
L V M R F T E U M E K M S P
Z G A I I D B J X N A U I L
K Z R D E M V Y Z E J Ț E E
O D O R O Z S M A G E N T A
J M J N O E T O P R Z O W P
U G W G M K I G N U U B Y S
```

GALBEN	MAGENTA
ALBASTRU	MARO
AZUR	PORTOCALIU
BEJ	NEGRU
ALB	VIOLET
CRIMSON	ROȘU
CYAN	ROZ
FUCSIE	SEPIA
GRI	VERDE
INDIGO	

29 - Adjetivos #1

```
A  G  I  N  G  E  U  G  W  M  T  L  A  P
Î  R  C  F  R  Ţ  L  P  E  G  M  G  C  O
N  A  O  A  E  V  Q  C  Ţ  N  Z  M  T  D
C  B  H  M  U  Î  N  T  U  N  E  R  I  C
E  S  D  A  A  S  E  R  I  O  S  R  V  Q
T  O  U  C  Z  T  F  Q  D  Y  M  M  O  P
R  L  L  U  M  I  N  O  S  K  O  A  S  S
X  U  A  T  R  A  C  T  I  V  D  R  I  W
H  T  Ţ  P  E  R  F  E  C  T  E  E  N  W
A  M  B  I  Ţ  I  O  S  T  C  R  F  C  N
I  M  E  N  S  O  G  N  B  S  N  R  E  T
N  E  V  I  N  O  V  A  T  D  D  E  R  J
V  A  L  O  R  O  S  D  L  L  G  B  L  V
T  I  N  E  R  I  M  P  O  R  T  A  N  T
```

ABSOLUT
ACTIV
AMBIŢIOS
AROMAT
ATRACTIV
LUMINOS
IMENS
GENEROS
MARE
SINCER

IMPORTANT
NEVINOVAT
TINERI
ÎNCET
MODERN
ÎNTUNERIC
PERFECT
GREU
SERIOS
VALOROS

30 - Familia

```
F  L  O  B  U  N  I  C  A  W  T  C  S  V
R  C  V  M  S  E  C  S  L  Y  A  N  O  N
S  O  R  A  O  P  S  O  U  N  T  Y  Ț  J
Ț  P  C  T  Ț  O  M  T  P  V  Ă  R  I  K
J  I  W  E  U  A  M  Ă  R  I  G  L  E  O
C  L  N  R  L  T  A  W  T  Ă  I  B  Y  W
E  F  Ț  N  U  Ă  M  A  J  U  M  D  B  B
X  E  P  E  N  P  Ă  B  C  S  Ș  O  N  X
Y  R  L  P  A  J  Q  U  Z  P  W  Ă  Ș  U
A  Y  U  O  J  B  U  N  C  H  I  F  B  L
L  D  W  T  C  O  P  I  L  Ă  R  I  E  P
P  C  E  U  I  N  F  C  A  N  S  I  O  W
M  H  U  G  V  I  K  F  X  O  C  C  B  Y
G  F  B  F  F  R  A  T  E  B  U  A  A  N
```

BUNICA	MATERN
BUNIC	NEPOT
STRĂMOȘ	COPIL
SOȚIE	COPII
SORA	TATĂ
FRATE	VĂR
FIICA	NEPOATĂ
COPILĂRIE	MĂTUȘĂ
MAMĂ	UNCHI
SOȚUL	

31 - Disciplinas Científicas

```
I  F  I  Z  I  O  L  O  G  I  E  K  A  M
A  M  B  O  T  A  N  I  C  Ă  M  B  S  E
N  E  U  R  O  L  O  G  I  E  E  B  T  T
A  L  I  N  G  V  I  S  T  I  C  Ă  R  E
T  O  H  F  O  B  J  R  X  S  A  G  O  O
O  O  E  U  Ţ  L  I  Ţ  Ţ  S  N  E  N  R
M  F  S  N  G  K  O  O  N  G  I  O  O  O
I  C  H  I  M  I  E  G  L  J  C  L  M  L
E  C  O  L  O  G  I  E  I  O  A  O  I  O
S  O  C  I  O  L  O  G  I  E  G  G  E  G
P  S  I  H  O  L  O  G  I  E  B  I  U  I
A  R  H  E  O  L  O  G  I  E  G  E  E  E
T  E  R  M  O  D  I  N  A  M  I  C  Ă  I
M  I  N  E  R  A  L  O  G  I  E  Y  K  B
```

ANATOMIE	LINGVISTICĂ
ARHEOLOGIE	MECANICA
ASTRONOMIE	METEOROLOGIE
BIOLOGIE	MINERALOGIE
BOTANICĂ	NEUROLOGIE
ECOLOGIE	PSIHOLOGIE
FIZIOLOGIE	CHIMIE
GEOLOGIE	SOCIOLOGIE
IMUNOLOGIE	TERMODINAMICĂ

32 - Gatos

```
M  J  O  D  B  N  P  Ș  S  N  K  V  S  V
Y  U  L  D  D  E  Z  O  O  R  A  P  I  D
I  C  F  L  S  B  S  A  M  I  Z  B  S  C
Q  Ă  Q  A  S  U  Y  R  N  E  Y  X  K  Y
P  U  X  B  M  N  Ţ  E  T  I  M  I  D  Y
B  Ş  X  A  R  U  F  C  O  A  D  Ă  Z  W
A  L  D  Ţ  F  H  Z  E  S  K  F  Z  E  R
B  E  A  Ţ  O  T  U  A  F  N  Y  I  T  G
W  F  R  N  Q  H  V  Â  N  Ă  T  O  R  H
V  Z  Y  P  Ă  A  F  E  C  T  U  O  S  E
P  E  R  S  O  N  A  L  I  T  A  T  E  A
S  Ă  L  B  A  T  I  C  K  T  H  U  X  R
C  U  R  I  O  S  M  I  C  B  A  V  P  Ă
V  W  I  N  D  E  P  E  N  D  E  N  T  K
```

AFECTUOS
VÂNĂTOR
COADĂ
CURIOS
SOMN
GHEARĂ
AMUZANT
FIRE
INDEPENDENT
JUCĂUŞ

NEBUN
LABA
PERSONALITATE
BLANĂ
MIC
ȘOARECE
RAPID
SĂLBATIC
TIMID

33 - Cocina

```
C  Ș  R  E  Ț  E  T  Ă  Y  L  E  O  C  C
B  O  R  C  A  N  N  Z  J  I  F  X  U  U
O  R  N  G  W  I  Y  C  Ț  N  L  W  P  Z
B  Ț  Ț  G  N  Ț  F  R  I  G  I  D  E  R
Ș  E  R  V  E  Ț  E  L  L  U  P  B  P  A
T  C  Y  R  U  L  C  I  O  R  N  U  O  L
R  Ț  C  B  C  E  A  I  N  I  C  R  L  I
C  A  S  T  R  O  N  T  H  O  U  E  O  M
F  H  U  G  O  A  C  B  O  V  Ț  T  N  E
Q  F  C  M  R  B  U  F  F  R  I  E  I  N
Q  E  H  B  T  Ă  P  Q  U  Ț  T  F  C  T
U  A  L  D  Y  R  T  I  E  R  E  S  Q  E
D  B  E  Ț  I  Ș  O  A  R  E  C  A  D  V
H  J  I  B  M  V  R  K  R  K  M  I  Ț  U
```

CEAINIC
ALIMENTE
CONGELATOR
LINGURI
POLONIC
CUȚITE
ȘORȚ
BURETE
CUPTOR
ULCIOR

BEȚIȘOARE
GRĂTAR
REȚETĂ
FRIGIDER
ȘERVEȚEL
BORCAN
CUPE
CASTRON
FURCI

34 - Escuela #1

```
P  T  T  T  H  H  W  B  Y  C  P  B  Q  S
R  I  L  L  Â  K  W  I  B  C  R  W  C  C
I  A  E  R  R  K  G  B  H  E  O  T  B  A
E  L  X  D  T  M  T  L  D  A  F  N  C  U
T  F  A  O  I  A  R  I  C  R  E  I  O  N
E  A  M  S  E  T  Ă  O  O  V  S  N  P  D
N  B  E  A  A  E  S  T  I  L  O  U  R  I
I  E  N  R  W  M  P  E  T  J  R  Z  Â  Z
C  T  E  E  S  A  U  C  P  X  H  D  N  F
L  Ă  O  M  L  T  N  Ă  S  P  Y  Ţ  Z  K
A  T  R  U  D  I  S  T  R  A  C  Ţ  I  E
S  P  E  Ţ  K  C  U  W  I  B  I  R  O  U
Ă  Ţ  G  S  I  Ă  R  M  A  R  K  E  R  I
C  N  K  J  T  U  I  N  U  M  E  R  E  N
```

ALFABET
PRÂNZ
PRIETENI
CLASĂ
BIBLIOTECĂ
DOSARE
DISTRACŢIE
BIROU
TEST
EXAMENE

CREION
CĂRŢI
MARKERI
MATEMATICĂ
NUMERE
HÂRTIE
STILOURI
PROFESOR
RĂSPUNSURI
SCAUN

35 - Adjetivos #2

```
P  D  B  M  O  Q  S  J  N  O  U  I  K  X
U  R  M  C  P  O  K  Ă  O  R  A  N  U  L
T  A  E  E  U  Z  X  C  R  E  A  T  I  V
E  M  L  L  L  S  M  N  M  A  Z  E  R  M
R  A  S  E  X  E  C  J  A  S  T  R  E  Â
N  T  P  B  L  H  G  A  L  Ă  V  E  S  N
I  I  R  R  W  C  J  A  T  N  O  S  P  D
C  C  O  U  F  Ţ  H  V  N  Ă  B  A  O  R
F  Z  A  P  I  C  A  N  T  T  O  N  N  U
A  Q  S  C  R  X  G  L  S  O  S  T  S  R
G  T  P  W  E  D  Q  T  I  S  I  E  A  F
N  D  Ă  K  S  X  H  U  K  T  T  O  B  M
M  A  T  C  C  P  R  O  D  U  C  T  I  V
D  E  S  C  R  I  P  T  I  V  L  Y  L  X
```

OBOSIT	NORMAL
CREATIV	NOU
DESCRIPTIV	MÂNDRU
DRAMATIC	PICANT
ELEGANT	PRODUCTIV
CELEBRU	RESPONSABIL
PROASPĂT	SĂRAT
PUTERNIC	SĂNĂTOS
INTERESANT	USCAT
FIRESC	

36 - Cuerpo Humano

```
P  R  D  U  R  E  C  H  E  R  M  C  P  P
U  U  A  S  Â  N  G  E  T  K  N  A  S  I
M  J  R  X  J  E  Â  O  Z  L  J  K  D  C
Ă  Q  E  M  H  P  T  X  V  O  E  Y  O  I
R  B  P  Â  R  K  L  Q  T  G  C  S  L  O
A  V  X  N  U  B  D  H  C  A  P  H  W  R
A  A  W  Ă  O  Y  Ă  X  Y  H  D  M  I  L
W  P  T  E  V  S  C  R  E  I  E  R  P  M
G  E  N  U  N  C  H  I  B  A  Y  K  M  F
U  P  I  E  L  E  S  G  I  I  Q  K  P  A
R  V  N  X  G  I  S  C  O  T  E  H  V  Ț
Ă  E  I  Ț  W  Y  M  J  D  E  G  E  T  Ă
J  T  M  V  Z  S  R  B  E  S  H  A  P  V
E  H  Ă  G  L  E  Z  N  Ă  I  T  X  D  E
```

BĂRBIE	LIMBĂ
GURĂ	MÂNĂ
CAP	NAS
FAȚĂ	OCHI
CREIER	URECHE
COT	PIELE
INIMĂ	PICIOR
GÂT	GENUNCHI
DEGET	SÂNGE
UMĂR	GLEZNĂ

37 - Ciencia

```
I  Ț  C  H  I  M  I  C  O  H  Ț  L  A  M
I  P  P  L  A  N  T  E  M  Y  I  Q  U  E
N  N  O  S  I  K  N  O  D  G  F  R  R  T
F  A  P  T  P  M  I  N  E  R  A  L  E  O
I  T  E  Z  E  A  A  P  Ș  Z  W  F  C  D
Z  U  V  V  B  Z  R  T  T  Z  C  N  Q  Ă
I  R  O  G  M  X  Ă  T  I  F  O  S  I  L
C  Ă  L  E  X  P  E  R  I  M  E  N  T  X
Ă  W  U  V  D  B  C  X  N  C  W  T  Y  A
K  W  Ț  T  A  L  R  H  Ț  W  U  S  T  T
L  J  I  N  T  R  H  V  Ă  O  Y  L  D  O
T  C  E  B  E  M  O  L  E  C  U  L  E  M
L  A  B  O  R  A  T  O  R  D  Q  M  V  O
O  R  G  A  N  I  S  M  L  V  A  G  B  X
```

ATOM
OM DE ȘTIINȚĂ
CLIMAT
DATE
EVOLUȚIE
EXPERIMENT
FIZICĂ
FOSIL
FAPT
IPOTEZĂ

LABORATOR
METODĂ
MINERALE
MOLECULE
NATURĂ
ORGANISM
PARTICULE
PLANTE
CHIMIC

38 - Dinosaurios

```
M  C  J  L  A  A  B  U  U  D  P  Q  S  E
T  A  V  I  R  R  V  D  H  B  U  M  P  V
Z  R  M  S  A  I  E  R  U  N  T  R  E  O
Ţ  N  E  U  P  P  Z  N  H  O  E  E  C  L
P  I  V  N  T  I  G  U  V  E  R  P  I  U
D  V  R  H  O  Ţ  P  Ă  M  Â  N  T  E  Ţ
I  O  M  R  R  R  V  U  A  D  I  I  L  I
B  R  Ţ  M  G  O  M  E  R  Ţ  C  L  E  E
F  O  S  I  L  E  M  W  E  Q  O  Ă  R  V
Ţ  D  W  M  Z  P  N  N  B  Y  A  E  B  I
P  R  A  D  Ă  H  Z  Z  I  W  D  W  I  C
W  U  Ţ  R  L  P  Y  E  W  V  Ă  Ţ  V  I
M  Ă  R  I  M  E  A  P  T  D  O  J  O  O
D  I  S  P  A  R  I  Ţ  I  E  E  R  R  S
```

ARIPI
CARNIVOR
COADĂ
DISPARIȚIE
ENORM
SPECIE
EVOLUȚIE
FOSILE
MARE
ERBIVOR

MAMUT
OMNIVOR
PUTERNIC
PRADĂ
RAPTOR
REPTILĂ
MĂRIMEA
PĂMÂNT
VICIOS

39 - Restaurante #2

```
S D E S S U P Ă N I Z Q L B
A K N A P E R I T I V Q K Ă
L V D R J S C A U N F N B U
A Ţ A E Q X O U Ă C I N C T
T R W P R Â N Z C I N A F U
Ă L C A W F D Z H A H U Q R
Q E U V S S I E E G P A R Ă
Q G I W K K M Y L Q U Ă X X
F U R C Ă I E R N I C A T G
Q M K Ţ P Q N E E F C D B I
Z E G E Z S T O R T R I D U
A X G Q G H E A Ţ Ă R U O T
P E Ş T E L I N G U R Ă C S
X E T J Q Q F A K Q G H O T
```

APĂ   FRUCT
PRÂNZ   GHEAŢĂ
APERITIV   OUĂ
BĂUTURĂ   TORT
CHELNER   PEŞTE
CINA   SARE
LINGURĂ   SCAUN
DELICIOS   SUPĂ
SALATĂ   FURCĂ
CONDIMENTE   LEGUME

40 - Profesiones #1

```
I  A  B  P  L  I  T  P  H  C  C  P  M  T
A  N  M  A  V  O  C  A  T  C  A  G  K  M
T  T  S  B  N  F  K  F  L  G  R  H  F  S
L  R  H  T  A  C  U  I  L  J  T  Ţ  G  M
E  E  I  Q  A  S  H  A  G  E  O  L  O  G
T  N  Q  N  B  L  A  E  Ţ  R  G  Z  D  Y
D  O  C  T  O  R  A  D  R  D  R  P  A  P
H  R  Z  T  E  D  I  T  O  R  A  I  N  S
M  U  Z  I  C  I  A  N  O  R  F  A  S  I
A  S  T  R  O  N  O  M  A  R  L  N  A  H
O  M  D  E  Ș  T  I  I  N  Ţ  Ă  I  T  O
G  V  O  Ţ  V  Â  N  Ă  T  O  R  S  O  L
P  O  M  P  I  E  R  V  G  P  X  T  R  O
C  H  H  B  I  J  U  T  I  E  R  F  W  G
```

AVOCAT
ASTRONOM
ATLET
DANSATOR
BANCHER
POMPIER
CARTOGRAF
VÂNĂTOR
OM DE ȘTIINȚĂ
DOCTOR

EDITOR
AMBASADOR
ANTRENOR
INSTALATOR
GEOLOG
BIJUTIER
MUZICIAN
PIANIST
PSIHOLOG

41 - Vehículos

```
S  P  A  U  T  O  B  U  Z  B  F  H  V  B
C  U  L  M  E  T  R  O  U  A  R  T  M  I
A  W  B  U  U  O  Ț  T  T  C  B  R  F  C
R  W  P  M  T  R  E  N  A  V  I  O  N  I
A  V  R  A  A  Ă  E  T  N  B  N  V  Z  C
V  L  G  Ș  L  R  L  L  V  S  A  Z  T  L
A  W  Z  I  V  M  I  M  E  R  M  R  G  E
N  F  Y  N  W  K  C  N  L  A  B  M  C  T
Ă  V  P  Ă  X  T  O  L  O  C  U  O  S  Ă
N  A  V  E  T  Ă  P  I  P  H  L  T  M  K
C  A  M  I  O  N  T  T  E  E  A  O  G  W
U  J  D  H  J  C  E  A  O  T  N  R  A  S
L  D  F  S  K  R  R  X  K  Ă  Ț  U  V  N
T  R  A  C  T  O  R  I  P  U  Ă  E  S  Q
```

AMBULANȚĂ	BAC
AUTOBUZ	ELICOPTER
AVION	NAVETĂ
PLUTĂ	METROU
BARCĂ	MOTOR
BICICLETĂ	ANVELOPE
CAMION	SUBMARIN
CARAVANĂ	TAXI
MAȘINĂ	TRACTOR
RACHETĂ	TREN

42 - Vacaciones #2

```
D  E  S  T  I  N  A  Ţ  I  E  T  F  I  P
F  O  T  O  G  R  A  F  I  I  A  X  H  A
T  I  M  P  L  I  B  E  R  R  X  A  G  Ş
P  M  H  A  Q  Y  I  V  S  D  I  X  B  A
T  R  A  N  S  P  O  R  T  T  H  K  Y  P
J  G  R  R  C  U  D  R  T  C  R  C  C  O
D  Q  T  Y  E  L  Z  K  M  J  I  Ă  X  R
D  X  Ă  V  A  C  A  N  Ţ  Ă  N  L  I  T
Z  Y  J  U  H  H  O  T  E  L  S  Ă  P  N
R  E  Z  E  R  V  Ă  R  I  C  U  T  L  J
A  E  R  O  P  O  R  T  T  V  L  O  A  V
N  P  N  V  T  Q  G  R  F  I  Ă  R  J  B
F  P  R  P  W  N  H  E  C  Z  I  I  Ă  E
U  P  M  M  K  N  V  N  I  Ă  Z  E  H  L
```

AEROPORT
CORT
DESTINAŢIE
STRĂIN
FOTOGRAFII
HOTEL
INSULĂ
HARTĂ
MARE
TIMP LIBER

PAŞAPORT
PLAJĂ
REZERVĂRI
TAXI
TRANSPORT
TREN
VACANŢĂ
CĂLĂTORIE
VIZĂ

43 - Cumpleaños

```
P  Î  N  Ț  E  L  E  P  C  I  U  N  E  C
C  A  L  E  N  D  A  R  A  K  X  C  S  E
P  M  Y  C  N  M  H  X  D  F  X  A  E  L
R  I  E  M  E  X  I  S  O  N  T  R  M  E
I  N  M  L  T  S  N  O  U  Ă  I  D  Z  B
E  T  S  P  E  C  I  A  L  S  N  U  I  R
T  I  T  K  C  U  H  U  P  C  E  R  M  A
E  R  F  P  G  Â  V  B  Z  U  R  I  F  R
N  I  D  Y  T  A  N  K  J  T  I  Q  E  E
I  Â  Z  D  O  P  E  T  R  E  C  E  R  E
T  N  I  B  R  V  E  S  E  L  J  D  I  Ț
G  I  P  P  T  B  H  M  E  C  P  N  C  V
V  K  M  I  N  V  I  T  A  Ț  I  I  I  G
Ț  N  K  P  L  U  M  Â  N  Ă  R  I  T  W
```

VESEL	TINERI
PRIETENI	NĂSCUT
AN	PETRECERE
CALENDAR	TORT
CÂNTEC	AMINTIRI
CELEBRARE	CADOU
ZI	ÎNȚELEPCIUNE
SPECIAL	CARDURI
FERICIT	TIMP
INVITAȚII	LUMÂNĂRI

44 - Baile

```
Q  G  W  T  C  L  A  S  I  C  O  R  P  C
H  R  L  N  R  O  C  C  R  N  S  Z  M  X
V  N  P  Ț  B  A  U  U  R  G  Ț  C  U  Ț
E  Ț  A  N  B  W  D  R  L  M  C  Y  Z  M
Ț  E  J  A  R  T  Ă  I  B  T  T  I  I  I
P  A  R  T  E  N  E  R  Ț  O  U  V  C  Ș
A  O  R  E  P  E  T  I  Ț  I  E  R  Ă  C
C  V  S  Ț  B  Ț  L  T  V  B  O  C  Ă  A
A  I  P  T  H  F  L  M  O  A  T  N  A  R
D  Z  K  V  U  E  Z  P  M  U  U  K  A  E
E  U  P  E  G  R  A  Ț  I  E  F  Q  N  L
M  A  I  S  Z  E  Ă  O  P  Y  V  A  R  A
I  L  O  E  M  O  Ț  I  E  Z  R  P  G  V
E  Z  B  L  E  X  P  R  E  S  I  V  D  H
```

ACADEMIE
VESEL
ARTĂ
CLASIC
CORP
CULTURĂ
EMOȚIE
REPETIȚIE
EXPRESIV

GRAȚIE
MIȘCARE
MUZICĂ
POSTURĂ
RITM
PARTENER
TRADIȚIONAL
VIZUAL

45 - Matemáticas

```
P A R A L E L O G R A M S E
O I P E R I M E T R U Ţ I C
H S E T R I U N G H I P M U
J F R A C Ţ I U N E J D E A
D E P O L I G O N L R Y T Ţ
I R E E U N G H I U R I R I
A Ă N E X P O N E N T J I E
M N D G E O M E T R I E E Q
E C I R C U M F E R I N Ţ Ă
T R C D R E P T U N G H I D
R A U V O L U M Z I J G Y G
U Z L N D N I Y E R G H D H
K Ă A R I T M E T I C Ă Z B
P A R A L E L Z E C I M A L
```

ARITMETICĂ	PARALEL
UNGHIURI	PARALELOGRAM
CIRCUMFERINŢĂ	PERIMETRU
ZECIMAL	PERPENDICULAR
DIAMETRU	POLIGON
ECUAŢIE	RAZĂ
SFERĂ	DREPTUNGHI
EXPONENT	SIMETRIE
FRACŢIUNE	TRIUNGHI
GEOMETRIE	VOLUM

46 - Restaurante #1

```
B C F A R F U R I E B I I B
M A A L E C L K Ț M G Ș N C
Z F G R E Z E R V A R E G H
C E V Q N U G Z M Z P R R E
C A Z G C E M E N I U V E L
A L E R G I E D Z K I E D N
S T N Y B G Z E Q B Z Ț I E
T S O S O E Q S D H Y E E R
R C E X F B Z E P V Q L N I
O U U K B U C R R Â Q U T Ț
N Ț P B U C Ă T Ă R I E E Ă
P I C A N T A L I M E N T E
V T Ț P Q P T E K B X Z E N
O X D Ț K C A S I E R U S Q
```

ALERGIE	PÂINE
CAFEA	PICANT
CASIER	FARFURIE
CHELNERIȚĂ	PUI
CARNE	DESERT
BUCĂTĂRIE	REZERVARE
ALIMENTE	SOS
CUȚIT	ȘERVEȚEL
INGREDIENTE	CASTRON
MENIU	

47 - Profesiones #2

```
A  C  Z  J  L  Y  N  R  T  D  V  B  D  C
S  X  H  O  U  N  C  P  M  E  D  I  C  R
T  G  U  I  O  R  J  M  R  T  Y  O  J  K
R  R  V  N  R  L  N  B  G  E  P  L  I  C
O  Ă  H  G  L  U  O  A  I  C  I  O  K  C
N  D  K  I  T  O  R  G  L  T  P  G  L  E
A  I  K  N  F  K  G  G  P  I  C  T  O  R
U  N  D  E  N  T  I  S  T  V  S  G  F  C
T  A  P  R  O  F  E  S  O  R  K  T  P  E
R  R  F  I  L  O  Z  O  F  P  O  J  I  T
N  I  N  V  E  N  T  A  T  O  R  Z  L  Ă
B  I  B  L  I  O  T  E  C  A  R  Ţ  O  T
J  T  B  B  Y  L  I  N  G  V  I  S  T  O
Q  S  C  P  I  L  U  S  T  R  A  T  O  R
```

ASTRONAUT
BIBLIOTECAR
BIOLOG
CHIRURG
DENTIST
DETECTIV
FILOZOF
ILUSTRATOR
INGINER
INVENTATOR

CERCETĂTOR
GRĂDINAR
LINGVIST
MEDIC
JURNALIST
PILOT
PICTOR
PROFESOR
ZOOLOG

48 - Senderismo

```
P  H  A  R  T  Ă  S  I  G  Q  G  Q  P  B
R  T  P  N  P  B  U  T  Y  L  R  D  A  R
E  M  Ă  A  I  C  W  M  Â  U  E  Q  R  C
G  L  B  T  E  M  D  E  T  N  U  Ţ  C  K
Ă  T  A  U  T  U  A  T  I  C  C  Z  U  P
T  O  O  R  R  N  S  L  Z  I  C  Ă  R  Y
I  J  R  Ă  E  T  G  I  E  Z  L  G  I  O
R  T  Ţ  I  F  E  S  U  M  M  I  T  C  B
E  F  Y  O  E  V  P  S  X  E  M  U  A  O
A  O  C  U  Z  N  F  V  Ţ  C  A  X  M  S
W  S  Ă  L  B  A  T  I  C  B  T  G  P  I
Ţ  Â  N  Ţ  A  R  I  A  F  Ţ  E  Y  I  T
X  N  V  G  H  I  D  U  R  I  F  T  N  H
F  S  O  A  R  E  J  X  X  E  S  M  G  N
```

STÂNCĂ	MUNTE
APĂ	ȚÂNȚARI
ANIMALE	NATURĂ
CIZME	ORIENTARE
CAMPING	PARCURI
OBOSIT	GREU
CLIMAT	PIETRE
SUMMIT	PREGĂTIREA
GHIDURI	SĂLBATIC
HARTĂ	SOARE

49 - Naturaleza

```
F R I M S O V E S S G I P Y
R S V I T A L R A S H D A O
U Ă I V Y P X O N V E I Ș W
M L A B B Z X Z C B Ț N N P
U B N L S X B I T A A A I H
S A I G B C M U U P R M C N
E T M H B I J N A G A I Ă D
Ț I A R R A N E R Y A C A E
E C L Â F R C E A Ț Ă A R Ș
T T E U T R O P I C A L C E
G R G P Ă D U R E U I N T R
A D Ă P O S T N M D R Ț I T
X Ț Z N O R I Z Z K V F C H
H G Y R V X U I L E L H Z G
```

ALBINE
ANIMALE
ARCTIC
FRUMUSEȚE
PĂDURE
DEȘERT
DINAMIC
EROZIUNE
FRUNZE
GHEȚAR

CEAȚĂ
NORI
PAȘNICĂ
ADĂPOST
RÂU
SĂLBATIC
SANCTUAR
SENIN
TROPICAL
VITAL

50 - Conduciendo

```
M E R P E R I C O L G I L C
O O A S I G U R A N Ț Ă I O
T V T U N E L I K G L E C M
O I H O C N T B O Z I H E B
R T J L C X M O B I J F N U
F E A C C I D E N T F Ț Ț S
E Z Q Q D S C A M I O N Ă T
K Ă J H F Q T L B P V M X I
Z J G A R A J R E I W A J B
N X W R Â M A G A T E Ș A I
G A Z T N W X Q Z D Ă I E L
O N D Ă E E S U P Y Ă N O R
I L T R A F I C C Ț B Ă H Ț
P O L I T I E E T F L M Q F
```

ACCIDENT
STRADĂ
CAMION
MAȘINĂ
COMBUSTIBIL
FRÂNE
GARAJ
GAZ
LICENȚĂ
HARTĂ

MOTOCICLETĂ
MOTOR
PIETON
PERICOL
POLITIE
SIGURANȚĂ
TRAFIC
TUNEL
VITEZĂ

51 - Ballet

```
R  O  R  C  H  E  S  T  R  Ă  P  K  K  X
E  I  L  I  N  T  E  N  S  I  T  A  T  E
P  P  T  E  E  E  P  G  T  D  D  R  X  X
E  M  K  M  C  C  M  F  E  D  A  T  B  P
T  Î  L  Z  W  Ț  C  I  H  C  N  I  J  R
I  N  P  U  B  L  I  C  N  I  S  S  I  E
Ț  D  R  A  Q  A  S  I  I  D  A  T  D  S
I  E  M  W  P  E  L  G  C  K  T  I  P  I
E  M  U  Z  I  C  Ă  E  Ă  I  O  C  S  V
N  Â  Ș  V  W  Y  F  S  R  T  R  R  T  Y
Y  N  C  P  X  B  T  T  G  I  I  X  I  Z
M  A  H  A  P  L  A  U  Z  E  N  X  L  Ț
E  R  I  P  R  A  C  T  I  C  Ă  Ă  I  C
Y  E  C  O  R  E  G  R  A  F  I  E  P  R
```

APLAUZE	ÎNDEMÂNARE
ARTISTIC	INTENSITATE
PUBLIC	LECȚII
BALERINĂ	MUȘCHI
DANSATORI	MUZICĂ
COREGRAFIE	ORCHESTRĂ
REPETIȚIE	PRACTICĂ
STIL	RITM
EXPRESIV	TEHNICĂ
GEST	

52 - Aventura

```
P  F  D  P  N  E  O  B  I  Ș  N  U  I  T
E  R  I  R  A  X  P  U  G  Ţ  J  E  O  N
R  U  F  E  V  C  O  C  R  I  A  N  E  A
I  M  I  G  I  U  R  U  D  T  C  T  S  T
C  U  C  Ă  G  R  T  R  E  I  T  U  I  U
U  S  U  T  A  S  U  I  S  N  I  Z  G  R
L  E  L  I  R  I  N  E  T  E  V  I  U  Ă
O  Ţ  T  R  E  E  I  H  I  R  I  A  R  F
S  E  A  E  I  R  T  Y  N  A  T  S  A  Y
A  K  T  A  I  K  A  O  A  R  A  M  N  T
D  C  E  L  K  W  T  I  Ţ  G  T  S  Ţ  M
Ţ  P  R  I  E  T  E  N  I  W  E  F  Ă  Ţ
X  H  R  T  K  C  M  O  E  C  U  R  A  J
D  L  K  P  H  H  O  U  M  N  U  B  K  S
```

ACTIVITATE
BUCURIE
PRIETENI
FRUMUSEŢE
DESTINAŢIE
DIFICULTATE
ENTUZIASM
EXCURSIE
NEOBIȘNUIT

ITINERAR
NATURĂ
NAVIGARE
NOU
OPORTUNITATE
PERICULOS
PREGĂTIREA
SIGURANŢĂ
CURAJ

53 - Pájaros

```
R T O U C A N G P U I G T A
K A J M F Q T H E I Y F Z D
P C Ț N R F C Y L X Q Ț Ț Z
E I C Ă U G G N I A A P K M
S O N N S S I Ț C H Ț O Q Q
C A F G Â S C Ă A S T R U Ț
Ă R L C U H E R N T P U N Z
R Ă A U H I M T E Â L M L U
U M M C V V N S V R A B I E
Ș O I M H N L H X C T E Q U
R W N Y L E B Ă D Ă P L H M
Q Y G P A P A G A L W C B G
H T O L B A R Z Ă O O C K Y
V U L T U R N B K U M N Q R
```

STRUȚ
VULTUR
BARZĂ
LEBĂDĂ
CUC
CIOARĂ
FLAMINGO
GÂSCĂ
STÂRC
PESCĂRUȘ

VRABIE
ȘOIM
OU
PAPAGAL
PORUMBEL
RAȚĂ
PELICAN
PINGUIN
PUI
TOUCAN

54 - Surf

```
P O P U L A R X A M V F X B
A L C D J Y B V Ț V R E M E
L V A L J K O Y K U E F T J
E V M J D I S T R A C Ț I E
T L P G Ă M P M Ă U I Y X V
Ă D I Q P I U N R F F Ț I
D U O T B B M Ț A L I H Ț T
C Î N C E P Ă T O R Ț E L E
E A T L E T M S T I L I I Z
X Q M L P X C T E Ț L Y M Ă
T U N Y F C K O C E A N R I
R A J Y A T R M H H C E S G
E X N B S P R A Y V F H M N
M W R P S A Y C L B N H V W
```

RECIF	MULȚIMI
ATLET	OCEAN
CAMPION	VAL
VREME	PLAJĂ
DISTRACȚIE	POPULAR
SPUMĂ	ÎNCEPĂTOR
STIL	PALETĂ
STOMAC	SPRAY
EXTREM	VITEZĂ
TĂRIE	

55 - Geografía

```
B  A  L  T  I  T  U  D  I  N  E  M  C  V
Ț  T  E  R  I  T  O  R  I  U  D  E  O  E
L  A  L  A  T  I  T  U  D  I  N  E  N  S
O  G  R  Â  U  C  G  Y  L  T  X  Q  T  T
N  M  H  Ă  Z  B  M  A  T  L  A  S  I  R
G  E  R  A  Y  Y  J  E  E  L  E  S  N  T
I  M  E  E  R  F  G  W  R  Ț  F  J  E  F
T  I  V  Ț  A  T  T  N  S  I  J  J  N  V
U  S  O  R  A  Ș  Ă  I  R  B  D  Q  T  C
D  F  L  U  M  E  M  U  V  I  W  I  J  Z
I  E  S  C  U  N  A  C  C  Q  T  I  A  Ț
N  R  U  F  N  O  R  E  G  I  U  N  E  N
E  Ă  D  D  T  R  E  I  N  S  U  L  Ă  L
M  C  R  O  E  D  J  X  G  N  S  N  A  F
```

ALTITUDINE	MERIDIAN
ATLAS	MUNTE
ORAȘ	LUME
CONTINENT	NORD
EMISFERĂ	VEST
INSULĂ	ȚARĂ
LATITUDINE	REGIUNE
LONGITUDINE	RÂU
HARTĂ	SUD
MARE	TERITORIU

56 - Deportes

```
S  J  T  M  X  A  T  L  E  T  Y  A  P  Ţ
T  U  E  I  C  R  P  R  Ţ  X  M  N  X  V
A  C  N  Ș  G  B  Y  S  E  K  S  T  Z  H
D  Ă  I  C  O  I  E  E  C  T  F  R  M  O
I  T  S  A  L  T  M  C  U  N  E  E  B  C
O  O  F  R  F  R  Y  N  H  F  W  N  M  H
N  R  M  E  W  U  W  Y  A  I  J  O  C  E
B  I  C  I  C  L  E  T  Ă  S  P  R  T  I
Y  M  P  B  A  S  C  H  E  T  T  Ă  V  K
C  A  M  P  I  O  N  A  T  T  L  I  U  B
B  A  S  E  B  A  L  L  I  A  M  O  C  D
G  Z  C  Â  Ș  T  I  G  Ă  T  O  R  W  Ă
I  T  O  Ţ  O  Y  L  Z  A  T  M  J  K  Y
S  R  Y  F  D  K  K  V  O  B  A  B  T  B
```

ATLET	CÂȘTIGĂTOR
ARBITRU	GIMNASTICĂ
BASCHET	GOLF
BASEBALL	HOCHEI
BICICLETĂ	JOC
CAMPIONAT	JUCĂTOR
ANTRENOR	MIȘCARE
ECHIPĂ	TENIS
STADION	

57 - Actividades

```
P  A  C  T  I  V  I  T  A  T  E  M  Q  Ţ
U  M  E  Ş  T  E  Ş  U  G  U  R  I  N  Q
Z  C  U  S  U  T  R  P  E  S  C  U  I  T
Z  G  R  Ă  D  I  N  Ă  R  I  T  C  V  D
L  F  T  D  R  U  M  E  Ţ  I  I  K  Â  T
E  O  Î  N  D  E  M  Â  N  A  R  E  N  I
I  T  J  O  C  U  R  I  C  R  L  L  Ă  M
O  O  P  N  S  B  L  L  E  T  S  S  T  P
L  G  P  L  Ă  C  E  R  E  Ă  B  Ţ  O  L
A  R  E  L  A  X  A  R  E  C  C  Y  A  I
M  A  G  I  E  J  M  Ţ  C  E  T  J  R  B
M  F  P  I  C  T  U  R  A  K  H  U  E  E
C  I  N  T  E  R  E  S  E  X  R  I  R  R
N  E  C  E  R  A  M  I  C  Ă  V  H  I  Ă
```

ACTIVITATE	JOCURI
ARTĂ	LECTURĂ
MEŞTEŞUGURI	MAGIE
VÂNĂTOARE	TIMP LIBER
CERAMICĂ	PESCUIT
CUSUT	PICTURA
FOTOGRAFIE	PLĂCERE
ÎNDEMÂNARE	RELAXARE
INTERESE	PUZZLE
GRĂDINĂRIT	DRUMEŢII

58 - Verduras

```
C Y N C Q C I U P E R C Ă Q
Ț E T Y C A N G H I N A R E
L B A A U S A L A T Ă C O U
K R U P O T P R M X Ț A Ș J
V O S Ă Ă R J A L C I R I K
Â C T T I A Ț W N L C T E M
N C U R S V L Y R A T O Q A
Ă O R U R E K P T B C F T Z
T L O N W T D O V L E A C Ă
Ă I I J P E Z G H I M B I R
C Z W E Ț E L I N Ă T V Q E
W B N L M Ă S L I N Ă A E M
R I D I C H E M O R C O V K
C H W I M W T R L A Y L W G
```

USTUROI
ANGHINARE
ȚELINĂ
VÂNĂTĂ
BROCCOLI
DOVLEAC
CEAPĂ
SALATĂ
SPANAC
MAZĂRE

GHIMBIR
NAP
MĂSLINĂ
CARTOF
CASTRAVETE
PĂTRUNJEL
RIDICHE
CIUPERCĂ
ROȘIE
MORCOV

59 - Instrumentos Musicales

```
M A R I M B A J P P K Ţ X P
R I C D I A P C H I T A R Ă
F A G O T N Ţ E G T A F V H
L T O B Ă J A X R O W N M X
A P S A X O F O N C N W H O
U T A M B U R I N Ă U G T B
T R O M P E T Ă Ţ S T Ţ V O
T R O M B O N D I G S S I I
W C L A R I N E T E Q K O E
R U G V I O L O N C E L A Z
F Z S F I Ţ H Y Z Ţ W N R K
V M H A R P Ă N I X K X Ă N
F Q I B M U Z I C U Ţ Ă R I
M A N D O L I N Ă D M K L G
```

MUZICUŢĂ	OBOI
HARPĂ	TAMBURINĂ
BANJO	PERCUŢIE
CLARINET	PIAN
FAGOT	SAXOFON
FLAUT	TOBĂ
GONG	TROMBON
CHITARĂ	TROMPETĂ
MANDOLINĂ	VIOARĂ
MARIMBA	VIOLONCEL

60 - Escalada

```
H A R T Ă G P I W Q D H I N
B A T M O S F E R Ă R C F J
S G D X U T O D Ș N U Q F L
D T M Ț U Ă R A N T M C J Q
Ț F A T K R M G K Î E U A Z
L Ț L B C I A Ă E N Ț R G T
K S T W I E R E N G I I Ă E
S C I V Z L E J B U I O X R
D E T H M H I Y T S Ș Z M E
O K U D E L G T X T G I O N
B A D C A S C Ă A O X T Z Y
U F I Z I C X N F T Q A P B
Q W N G H I D U R I E T V W
N I E X P E R T M K T E O C
```

ALTITUDINE	FIZIC
ATMOSFERĂ	FORMARE
CIZME	TĂRIE
CASCĂ	MĂNUȘI
PEȘTERĂ	GHIDURI
CURIOZITATE	HARTĂ
STABILITATE	DRUMEȚII
ÎNGUST	TEREN
EXPERT	

61 - Mascotas

```
C O A D Ă C P Z S Ţ D T P V
Ş H P I S O I C X E M L G E
O A Ă M A L I M E N T E G T
P A P A G A L Q Ţ F Y S H E
Â I U R Y B L H V A C Ă E R
R E C Ă Ţ E L U Ş Ţ A O A I
L P C Ş H P E Ş T E P E R N
Ă U X Â O A P F C H R T E A
E R Ţ G I A M L U Ţ Ă F I R
B E T R K N R S J X L W J O
B X F F U T E E T Z A Ţ Ţ J
J P I S I C Ă G C E Z U I I
V K N D H V G U L E R P Z X
M Ţ N Y O H X I R A R J U M
```

APĂ
CAPRĂ
CĂŢELUŞ
COADĂ
GULER
ALIMENTE
IEPURE
LESĂ
GHEARE
PISOI

PISICĂ
HAMSTER
ŞOPÂRLĂ
PAPAGAL
LABE
CÂINE
PEŞTE
ŞOARECE
VACĂ
VETERINAR

62 - Formas

```
A  K  X  T  O  L  T  R  I  U  N  G  H  I
M  Ţ  M  D  I  U  I  P  L  O  N  R  X  J
P  Ă  T  R  A  T  N  N  E  A  F  Y  T  T
A  I  I  M  T  E  Z  Y  I  Q  B  U  S  G
R  P  R  I  S  M  Ă  E  H  A  N  D  E  J
T  S  S  A  R  C  I  L  I  N  D  R  U  N
E  F  Y  O  M  K  T  I  P  M  O  S  C  T
N  E  R  P  I  I  P  P  E  A  N  T  P  C
B  R  A  D  A  X  D  S  R  R  C  Z  O  U
N  Ă  D  B  E  T  Q  Ă  B  G  C  P  L  R
G  C  E  R  C  O  N  X  O  I  F  F  I  B
Y  O  V  A  L  U  P  E  L  N  W  J  G  Ă
Z  L  A  I  U  U  B  F  Ă  I  S  I  O  V
P  Ţ  D  R  E  P  T  U  N  G  H  I  N  F
```

ARC	COLŢ
MARGINI	HIPERBOLĂ
CILINDRU	PARTE
CERC	LINIA
CON	OVAL
PĂTRAT	PIRAMIDĂ
CUB	POLIGON
CURBĂ	PRISMĂ
ELIPSĂ	DREPTUNGHI
SFERĂ	TRIUNGHI

63 - Flores

```
P  M  A  R  G  A  R  E  T  Ă  G  T  G  M
L  J  M  P  G  N  X  P  Q  K  S  Z  A  A
U  C  Q  J  X  E  W  X  A  E  Z  L  R  C
M  B  Q  P  H  I  B  I  S  C  U  S  D  M
E  P  Ă  P  Ă  D  I  E  W  Q  T  N  E  L
R  E  O  V  U  Ţ  I  K  K  C  R  A  N  L
I  T  R  A  N  D  A  F  I  R  I  R  I  A
A  A  H  L  U  D  S  S  H  I  F  C  E  V
N  L  I  J  I  V  O  U  P  N  O  I  P  A
P  Ă  D  D  F  L  M  Y  R  I  I  S  N  N
C  G  E  I  R  Q  I  O  N  C  C  Ă  X  D
G  N  E  X  C  Ţ  E  A  B  U  J  O  R  Ă
L  A  L  E  A  V  B  U  C  H  E  T  A  I
M  A  G  N  O  L  I  E  P  F  E  D  S  C
```

MAC	NARCISĂ
PĂPĂDIE	ORHIDEE
GARDENIE	BUJOR
HIBISCUS	PETALĂ
IASOMIE	PLUMERIA
LAVANDĂ	BUCHET
LILIAC	TRANDAFIR
CRIN	TRIFOI
MAGNOLIE	LALEA
MARGARETĂ	

64 - Astronomía

```
O  R  A  C  H  E  T  Ă  E  S  Ţ  K  K  J
P  B  U  N  I  V  E  R  S  U  E  S  B  A
Ă  P  S  Q  O  A  S  G  D  P  T  P  W  S
M  L  Z  E  E  K  S  A  T  E  L  I  T  T
Â  A  D  G  R  A  S  T  E  R  O  I  D  R
N  N  A  A  Y  V  W  Ţ  R  N  E  Q  C  O
T  E  K  L  J  D  A  I  I  O  C  P  I  N
C  T  P  A  C  C  I  T  H  V  N  T  G  O
M  Ă  M  X  N  O  I  U  O  Ă  L  A  N  M
E  C  L  I  P  S  Ă  H  V  R  U  C  U  D
T  T  A  E  X  M  C  R  K  A  N  F  O  T
E  C  H  I  N  O  C  Ţ  I  U  A  V  O  T
O  S  C  O  N  S  T  E  L  A  Ţ  I  E  D
R  A  D  I  A  Ţ  I  E  R  R  P  V  W  M
```

ASTEROID
ASTRONAUT
ASTRONOM
CER
RACHETĂ
CONSTELAŢIE
COSMOS
ECLIPSĂ
ECHINOCŢIU
GALAXIE

LUNA
METEOR
OBSERVATOR
PLANETĂ
RADIAŢIE
SATELIT
SUPERNOVĂ
PĂMÂNT
UNIVERS

65 - Tiempo

```
V W C M I N U T A N L L A C
A E A G U E C Z Ţ C D T N L
V Z L U N Ă Q O H Z U Q U I
Q S E C O L B X V D S M A P
U K N O A P T E Z I Z X L Ă
R G D A M I A Z Ă M E A Z I
F S A P E I T B Ţ I R R G R
Ţ R R C R C E A S N N E I S
H G U Y V M N Ţ D E S X U Z
F D N N I J H O L A K J Y I
D I Y J I O M K R Ţ X U C O
J S Ă P T Ă M Â N Ă M Q A K
Y P W G O D E C E N I U F O
K U F K R C J Î N A I N T E
```

ACUM	AZI
ÎNAINTE	DIMINEAŢĂ
ANUAL	AMIAZĂ
AN	LUNĂ
IERI	MINUT
CALENDAR	CLIPĂ
DECENIU	NOAPTE
ZI	CEAS
VIITOR	SĂPTĂMÂNĂ
ORĂ	SECOL

66 - Paisajes

```
O T P F L K N F Q M W S Q Ţ
Q A U J Q G I L V U L C A N
Q E Z N T Q Q E R N G V M O
U Z H Ă D M A R E T S X Y L
C L B W V R X G H E I Z E R
C A S C A D Ă F B A E K Y E
A U J V L M L A Ș T I N Ă S
Z D A F E K N G D E O V D T
P E N I N S U L Ă R J H V U
R Ș P L A J Ă L A G U N Ă A
V E Z A G H E Ţ A R N P J R
Q R Q C D P E Ș T E R Ă U N
Q T Â A S S I H A P W X H Y
I N S U L Ă A I S B E R G S
```

CASCADĂ
PEȘTERĂ
DEȘERT
ESTUAR
GHEIZER
GHEȚAR
AISBERG
INSULĂ
LAC
LAGUNĂ

MARE
MUNTE
OAZĂ
MLAȘTINĂ
PENINSULĂ
PLAJĂ
RÂU
TUNDRĂ
VALE
VULCAN

67 - Días y Meses

```
X L P Y O C T O M B R I E R
X U O E Ț S Â M B Ă T Ă C X
S N K O A U G U S T X I A D
S Ă P T Ă M Â N Ă G Z V L N
O N Z F E Q J M D Y X I E O
Z M K J Y M Y O J J U N N I
X C Q E V A P R I L I E D E
P P T Ț K R X M A U Ț R A M
L X A S P Ț G J N N L I R B
N O Q Q H I S B U I Y I W R
M I E R C U R I A T X M E I
O A L F B F E B R U A R I E
D U M I N I C Ă I U N I E T
J U Q Ț S E P T E M B R I E
```

APRILIE
AUGUST
AN
CALENDAR
DUMINICĂ
IANUARIE
FEBRUARIE
JOI
IULIE
IUNIE

LUNI
MARȚI
LUNĂ
MIERCURI
NOIEMBRIE
OCTOMBRIE
SÂMBĂTĂ
SĂPTĂMÂNĂ
SEPTEMBRIE
VINERI

68 - Chocolate

```
E B W V Z F L C E J D C Q I
Y X N O M D K A D Z F A D R
T N O X H I G R E A Ţ L R E
Y T S T Ţ V U A V C Y O I Ţ
U H H F I O S M R C F R N E
D U L C E C T E X A R I G T
E D N A K Z L L Ţ X H I R Ă
L C P C F A V O R I T I E J
I F R A K H M J U V F C D T
C A R O M Ă A A G U U C I E
I U T C K R K H R J M T E A
O C A L I T A T E X X Z N Q
S A N T I O X I D A N T T H
W N N U C Ă D E C O C O S U
```

AMAR
ANTIOXIDANT
ZAHĂR
ARAHIDE
CACAO
CALITATE
CALORII
CARAMEL
NUCĂ DE COCOS

DELICIOS
DULCE
EXOTIC
FAVORIT
GUST
INGREDIENT
REŢETĂ
AROMĂ

69 - Barbacoas

```
J  L  E  G  U  M  E  F  F  C  X  W  B  G
Q  S  V  A  R  Ă  U  C  R  O  H  C  P  G
C  O  P  I  I  Ă  F  I  F  U  A  F  I  P
S  S  U  L  J  T  T  N  I  E  C  M  P  D
C  B  I  U  L  M  K  A  E  C  F  T  E  S
E  M  U  Z  I  C  Ă  P  R  Â  N  Z  R  A
A  L  C  S  D  J  N  U  B  D  M  L  O  L
P  L  Q  C  E  Z  T  C  I  J  Q  Q  S  A
Ă  Z  O  U  P  M  Z  Y  N  O  B  L  I  T
S  A  T  Ţ  U  S  T  L  T  C  B  G  I  E
F  A  M  I  L  I  E  G  E  U  P  O  Y  G
P  Y  M  T  A  Q  V  A  Z  R  J  R  F  N
S  A  R  E  V  D  R  G  G  I  B  H  K  Y
R  G  Y  T  S  N  J  R  Z  X  R  T  R  N
```

PRÂNZ	MUZICĂ
FIERBINTE	COPII
CEAPĂ	GRĂTAR
CINA	PIPER
CUŢITE	PUI
SALATE	SARE
FAMILIE	SOS
FRUCT	ROSII
FOAME	VARĂ
JOCURI	LEGUME

70 - Ropa

```
P  U  L  O  V  E  R  H  Q  S  F  L  R  C
R  J  D  P  L  H  Ș  V  W  U  U  M  R  Ă
I  K  P  A  P  A  J  A  Z  V  S  T  Y  M
T  I  Y  N  I  I  Z  V  R  Q  T  Q  D  A
B  X  C  T  J  N  Q  T  Z  F  A  U  U  Ş
H  L  F  O  A  A  Ţ  E  V  C  Ă  P  P  Ă
C  Ş  U  F  M  Ă  N  U  Ș  I  A  A  Ă  S
U  O  A  Z  A  I  E  G  M  E  N  N  L  A
R  R  L  C  Ă  Ţ  E  C  W  Y  G  T  Ă  C
E  Ţ  B  I  J  U  T  E  R  I  I  A  R  O
A  X  F  E  E  L  J  V  U  Q  S  L  I  U
I  B  Z  S  B  R  Ă  Ţ  A  R  Ă  O  E  S
S  A  N  D  A  L  E  Y  Ţ  Q  K  N  H  T
I  Z  M  O  D  Ă  J  R  O  C  H  I  E  Y
```

HAINA	BIJUTERII
BLUZĂ	MODĂ
EȘARFĂ	PANTALONI
CĂMAȘĂ	PIJAMA
SACOU	BRĂȚARĂ
CUREA	SANDALE
COLIER	PĂLĂRIE
ȘORŢ	PULOVER
FUSTA	ROCHIE
MĂNUȘI	PANTOF

71 - Meditación

```
T  Ă  C  E  R  E  P  O  F  T  W  J  C  E
P  O  S  T  U  R  Ă  A  A  E  F  A  O  L
Ț  H  O  U  Z  G  Y  Z  C  M  P  W  M  V
Ț  I  B  F  O  M  I  N  T  E  U  N  P  G
S  M  M  F  Ț  B  P  E  B  N  S  T  A  X
N  C  Z  B  R  R  S  I  C  T  M  G  S  C
B  U  N  Ă  T  A  T  E  C  A  I  Â  I  L
R  V  O  F  E  U  C  U  R  L  Ș  N  U  A
A  C  C  E  P  T  A  R  E  V  C  D  N  R
M  U  Z  I  C  Ă  L  H  M  W  A  U  E  I
N  A  T  U  R  Ă  M  N  O  Y  R  R  H  T
A  T  E  N  Ț  I  E  F  Ț  Y  E  I  E  A
R  E  C  U  N  O  Ș  T  I  N  Ț  Ă  E  T
H  G  V  Q  R  E  S  P  I  R  A  Ț  I  E
```

ACCEPTARE
ATENȚIE
BUNĂTATE
CALM
CLARITATE
COMPASIUNE
EMOȚII
RECUNOȘTINȚĂ
MENTAL
MINTE

MIȘCARE
MUZICĂ
NATURĂ
OBSERVARE
PACE
GÂNDURI
POSTURĂ
RESPIRAȚIE
TĂCERE

72 - Comedia

```
Z A R T T S E C L O V N I J
A X Â E X P R E S I V U S A
M C S A P V Ţ P I A O Q O M
A E T T T A I P U W G L P U
T X H R M U V P Q M Z C U Z
G E N U I A R A C T O R B A
G L U M E Ţ E R W X M R L N
F H K W T R Ă O U E Q R I T
A P L A U Z E D Y M L W C W
E M T E L E V I Z I U N E V
V N Z U C X Z E G U Q O O G
C U Y G I N T E L I G E N T
I M P R O V I Z A Ţ I E G R
D I S T R A C Ţ I E W M E F
```

ACTOR
ACTRIŢĂ
APLAUZE
PUBLIC
GLUME
DISTRACŢIE
EXPRESIV
GEN
AMUZANT

UMOR
IMPROVIZAŢIE
INTELIGENT
PARODIE
CLOVNI
RÂS
TEATRU
TELEVIZIUNE

73 - Libros

```
I  N  V  E  N  T  I  V  Y  A  C  V  V  Q
I  S  T  O  R  I  C  W  V  Z  I  J  Z  Q
G  E  S  C  R  I  S  C  Ț  K  T  X  N  R
H  R  J  O  F  E  P  O  E  Z  I  E  A  M
Y  I  Y  N  G  A  L  L  P  M  T  D  V  J
L  E  S  T  C  O  I  E  O  N  O  U  E  L
P  P  Y  E  T  Ț  N  C  V  P  R  A  N  I
Z  O  K  X  R  D  D  Ț  E  A  L  L  T  T
A  H  E  T  A  L  E  I  S  G  N  I  U  E
B  U  P  M  G  Q  U  E  T  I  G  T  R  R
U  P  T  K  I  W  M  B  E  N  W  A  Ă  A
U  N  X  O  C  W  O  W  V  Ă  Y  T  I  R
F  U  J  M  R  S  R  I  B  C  A  E  A  C
R  O  M  A  N  A  R  A  T  O  R  R  Q  E
```

AUTOR	CITITOR
AVENTURĂ	LITERAR
COLECȚIE	NARATOR
CONTEXT	ROMAN
DUALITATE	PAGINĂ
SCRIS	RELEVANT
POVESTE	POEM
ISTORIC	POEZIE
PLIN DE UMOR	SERIE
INVENTIV	TRAGIC

74 - Nutrición

```
E L C P S Ă N Ă T O S A Ţ Ţ
C A A G R E U T A T E V T C
H I L D S O S B M K C N A O
I D I G E S T I E P M F A M
L D T F E R M E N T A Ţ I E
I I A R O M Ă C I T M G C S
B E T A W U L E T N Z L A T
R T E V M H K R O P E U L I
A Ă X H P A Z E X X Q C O B
T P J C P F R A I H R I R I
M Ţ E X L J D L N X J D I L
Z F Q T P A T E Ă L O E I P
I Ţ R V I S Ă N Ă T A T E Ţ
Z Y Q E P T N U T R I E N T
```

AMAR
APETIT
CALITATE
CALORII
GLUCIDE
CEREALE
COMESTIBIL
DIETĂ
DIGESTIE
ECHILIBRAT

FERMENTAŢIE
NUTRIENT
GREUTATE
PROTEINE
AROMĂ
SOS
SĂNĂTATE
SĂNĂTOS
TOXINĂ

75 - Bondad

```
V R W Y P Z S L M A N L D L
Y W F E R I C I T F Q A E B
I S E C I B N C N E T D Î R
U T I L E G A O K C R K N E
I W V U T O U M O T E L C S
P A C I E N T P M U C R R P
G T Z L N G E A B O E D E E
Ţ E N M O T N S L S P O D C
Ţ N N S S U T I Â Y T Y E T
J T N E T N I U N P I I R U
M T Q L R Q C N D H V S E O
M V V A T O L E R A N T P S
G F N A H A S I U B I T O R
G X U M O S P I T A L I E R
```

AFECTUOS
PRIETENOS
IUBITOR
ATENT
COMPASIUNE
FERICIT
DE ÎNCREDERE
GENEROS
AUTENTIC

SINCER
OSPITALIER
PACIENT
RECEPTIV
RESPECTUOS
BLÂND
TOLERANT
UTIL

76 - Edificios

```
S U P E R M A R K E T Y I J
B V Z E A M M J O K U S Y Ţ
F E R M Ă P B B T P R P N Z
A M U Z E U A U S O N I F Q
B Ş A R H I S R T E A T R U
R C I N E M A X T H F A L O
I O A N B H D R A A M L T Q
C A S S D I Ă X C M M P L B
Ă L T H T L Q G J B Ţ E F R
A Ă A H I E G A R A J E N J
M G D O O U L O Q R W L V T
T P I T O B S E R V A T O R
T A O E E L A B O R A T O R
H W N L P E N S I U N E R H
```

PENSIUNE
APARTAMENT
CASTEL
CINEMA
AMBASADĂ
ȘCOALĂ
STADION
FABRICĂ
GARAJ
HAMBAR

FERMĂ
SPITAL
HOTEL
LABORATOR
MUZEU
OBSERVATOR
SUPERMARKET
TEATRU
TURN

77 - Océano

```
D V G D I L I B W K L C K B
G P A E C O R A L I M C M A
R W L L H S H L N C M A S R
R G G F U T P E Ş T E R T C
C E E I T R O N Z A D A O Ă
R R C N Q I I Ă A R U C N B
A F E I D D N L J U Z A C L
B D B V F I Q F V I E T Q L
R S U C E E O A N G H I L Ă
E A R B F T P A B Q M Ţ Q W
C R E A C R Ă Q Q O B Ă P F
H E T H H L F U R T U N Ă Z
I W E K V G R G N M V W B U
N M A R E E P G I L C J T F
```

ALGE	BURETE
ANGHILĂ	MAREE
RECIF	MEDUZE
TON	VALURI
BALENĂ	STRIDIE
BARCĂ	PEŞTE
CREVETĂ	CARACATIŢĂ
CRAB	SARE
CORAL	RECHIN
DELFIN	FURTUNĂ

78 - Ciudad

```
U  L  F  B  B  I  B  L  I  O  T  E  C  Ă
Ț  L  L  A  A  E  R  O  P  O  R  T  Z  Z
Z  R  O  N  R  E  S  T  A  U  R  A  N  T
T  M  R  C  L  M  I  G  W  S  S  D  P  T
H  L  A  Ă  Ș  U  A  I  A  O  U  B  I  E
C  O  R  L  C  Z  S  C  C  L  P  F  A  A
L  L  T  Y  O  E  T  B  I  W  E  L  Ț  T
I  I  M  E  A  U  A  R  N  E  R  R  Ă  R
N  B  A  S  L  E  D  U  E  Ț  M  Z  I  U
I  R  G  T  Ă  C  I  T  M  X  A  X  D  E
C  Ă  A  E  C  Z  O  Ă  A  H  R  Z  O  Y
A  R  Z  N  J  B  N  R  I  Q  K  M  B  Q
N  I  I  I  F  Q  Z  I  W  V  E  L  L  M
I  E  N  J  Ț  A  N  E  C  D  T  Ț  F  X
```

AEROPORT
BANCĂ
BIBLIOTECĂ
CINEMA
CLINICA
ȘCOALĂ
STADION
FARMACIE
FLORAR
GALERIE

HOTEL
LIBRĂRIE
PIAȚĂ
MUZEU
BRUTĂRIE
RESTAURANT
SUPERMARKET
TEATRU
MAGAZIN

79 - Conservación

```
S  Ă  N  Ă  T  A  T  E  B  T  Y  A  M  D
Z  F  W  M  J  G  P  O  L  U  A  R  E  U
H  F  K  F  U  G  V  E  A  B  Z  K  D  R
Q  R  A  O  N  B  O  C  S  G  Ţ  D  I  A
V  E  R  D  E  H  L  O  G  T  F  J  U  B
O  C  I  C  L  U  U  S  K  H  I  C  C  I
R  I  H  C  P  B  N  I  K  H  R  C  L  L
G  C  H  A  L  M  T  S  G  V  E  Z  I  Ă
A  L  F  C  B  F  A  T  H  R  S  G  M  D
N  A  G  B  N  I  R  E  D  U  C  E  A  R
I  R  B  S  S  R  T  M  R  H  J  D  T  V
C  E  Y  K  K  Y  L  A  V  Z  I  Y  Q  P
E  D  U  C  A  Ţ  I  E  T  F  F  U  L  Q
M  O  D  I  F  I  C  Ă  R  I  A  P  Ă  P
```

APĂ	FIRESC
MEDIU	ORGANIC
MODIFICĂRI	PESTICID
CICLU	RECICLARE
CLIMAT	REDUCE
POLUARE	SĂNĂTATE
ECOSISTEM	DURABILĂ
EDUCAŢIE	VERDE
HABITAT	VOLUNTAR

80 - Exploración

```
N  N  T  R  D  P  A  S  P  A  Ț  I  U  A
E  M  O  Ț  I  E  P  U  I  Z  A  R  E  N
C  A  D  Î  C  R  L  M  R  N  N  I  L  I
U  C  E  N  U  I  K  I  N  O  U  G  D  M
N  T  S  D  R  C  Y  P  M  I  E  O  E  A
O  I  C  E  A  U  L  Ț  M  B  J  J  T  L
S  V  O  P  J  L  R  R  J  U  A  V  E  E
C  I  P  Ă  Q  O  O  Y  C  L  O  H  R  R
U  T  E  R  C  S  Ț  Q  U  E  S  T  M  I
T  A  R  T  S  T  S  Ă  L  B  A  T  I  C
E  T  I  A  F  E  T  O  T  C  L  C  N  Z
Ț  E  R  T  Z  R  B  A  U  O  F  U  A  W
X  O  E  W  C  E  D  H  R  E  R  X  R  P
A  G  J  U  M  N  M  T  I  C  R  V  E  V
```

ACTIVITATE
EPUIZARE
ANIMALE
QUEST
CURAJ
CULTURI
NECUNOSCUT
DESCOPERIRE
DETERMINARE

ÎNDEPĂRTAT
EMOȚIE
SPAȚIU
LIMBA
NOU
PERICULOS
SĂLBATIC
TEREN

81 - Actividades y Ocio

```
C  C  U  M  P  Ă  R  Ă  T  U  R  I  V  Y
U  Ă  R  E  L  A  X  A  N  T  D  G  O  I
R  T  L  X  G  A  A  M  A  M  H  H  L  C
S  G  R  Ă  D  I  N  Ă  R  I  T  L  E  V
E  P  Z  W  T  F  O  T  B  A  L  Z  I  N
T  E  N  I  S  O  H  B  J  F  G  O  L  F
B  J  Y  B  A  D  R  U  M  E  Ț  I  I  Q
E  O  P  Z  T  R  P  I  C  T  U  R  A  D
B  E  X  Ţ  C  B  T  P  E  S  C  U  I  T
B  A  S  C  H  E  T  Ă  E  Q  C  J  P  W
K  T  Y  I  T  N  S  U  R  F  I  N  G  G
B  A  S  E  B  A  L  L  B  O  S  B  F  O
Î  N  O  T  S  C  U  F  U  N  D  Ă  R  I
R  M  C  A  M  P  I  N  G  J  R  C  A  Z
```

ARTĂ
BASCHET
BASEBALL
BOX
SCUFUNDĂRI
CAMPING
CURSE
CUMPĂRĂTURI
FOTBAL
GOLF

GRĂDINĂRIT
ÎNOT
PESCUIT
PICTURA
RELAXANT
DRUMEȚII
SURFING
TENIS
CĂLĂTORIE
VOLEI

82 - Comida #1

```
X  Z  P  C  A  R  N  E  A  K  S  I  B  M
B  W  J  S  A  B  A  M  Z  L  P  R  U  O
Q  V  B  T  U  A  P  X  V  A  A  H  S  R
M  T  U  O  R  Z  S  J  H  V  N  W  U  C
M  Q  N  N  X  G  M  G  Q  J  A  T  I  O
W  O  N  M  S  A  L  A  T  Ă  C  U  O  V
M  C  X  J  U  V  Ă  Q  K  P  Z  S  C  W
O  E  L  P  P  M  M  B  C  M  S  T  W  F
Y  B  N  A  Ă  W  Â  X  P  B  O  U  C  K
P  Z  D  T  P  D  I  F  V  S  A  R  E  D
D  P  A  R  Ă  T  E  W  A  B  Q  O  A  R
Ț  P  Z  H  J  W  E  X  S  I  O  I  P  N
Z  S  U  C  Ă  P  Ș  U  N  Ă  A  T  Ă  P
Z  B  S  C  O  R  Ț  I  Ș  O  A  R  Ă  P
```

USTUROI
BUSUIOC
TON
ZAHĂR
SCORȚIȘOARĂ
CARNE
ORZ
CEAPĂ
SALATĂ
SPANAC

CĂPȘUNĂ
SUC
LAPTE
LĂMÂIE
MENTĂ
NAP
PARĂ
SARE
SUPĂ
MORCOV

83 - Virtudes #1

```
D  D  P  Q  U  D  F  C  Q  G  V  B  F  M
U  E  A  Î  N  Ţ  E  L  E  P  T  U  N  Y
P  C  C  N  E  R  R  T  B  E  O  N  G  I
R  I  I  X  P  A  M  U  Z  A  N  T  E  N
E  S  E  I  N  D  E  P  E  N  D  E  N  T
N  I  N  X  C  M  C  Q  D  A  T  Y  E  E
M  V  T  V  U  Q  Ă  U  X  B  K  Y  R  L
Y  O  V  T  R  G  T  P  R  L  R  N  O  I
X  E  D  C  A  J  O  U  R  I  Z  Ţ  S  G
E  P  T  E  T  E  R  V  M  A  O  X  E  E
I  E  E  M  S  N  D  B  N  O  C  S  J  N
S  M  H  A  R  T  I  S  T  I  C  T  A  T
P  A  S  I  O  N  A  T  U  T  I  L  I  S
C  I  K  I  M  A  G  I  N  A  T  I  V  C
```

PASIONAT
ARTISTIC
BUN
CURIOS
DECISIV
FERMECĂTOR
GENEROS
AMUZANT
IMAGINATIV

INDEPENDENT
INTELIGENT
CURAT
MODEST
PACIENT
PRACTIC
ÎNTELEPT
UTIL

84 - Literatura

```
R  I  T  M  Y  B  F  Y  Ţ  A  A  L  C  H
Z  I  Y  M  F  I  C  Ţ  I  U  N  E  S  G
C  O  M  R  P  O  O  T  O  T  A  G  M  Q
U  J  N  Ă  O  G  N  E  D  O  L  C  D  R
M  E  Ţ  T  E  R  C  M  E  R  O  M  A  N
D  E  D  K  T  A  L  Ă  S  P  G  S  K  A
S  S  T  S  I  F  U  G  C  T  I  V  T  N
W  T  Q  A  C  I  Z  W  R  R  E  I  V  E
I  F  I  L  F  E  I  D  I  A  L  O  G  C
R  Y  I  L  P  O  E  M  E  G  Q  V  H  D
V  D  J  L  R  S  R  U  R  E  E  Z  M  O
N  A  R  A  T  O  R  Ă  E  D  R  G  M  T
A  N  A  L  I  Z  Ă  Y  I  I  T  Ţ  E  Ă
C  O  M  P  A  R  A  Ţ  I  E  V  V  W  D
```

ANALOGIE	FICȚIUNE
ANALIZĂ	METAFORĂ
ANECDOTĂ	NARATOR
AUTOR	ROMAN
BIOGRAFIE	POEM
COMPARAȚIE	POETIC
CONCLUZIE	RIMĂ
DESCRIERE	RITM
DIALOG	TEMĂ
STIL	TRAGEDIE

85 - Baño

```
B  A  I  E  A  Y  N  E  U  J  L  L  Z  B
V  T  W  I  V  P  Y  I  R  Q  O  O  D  W
Ţ  W  K  S  H  R  Ă  A  Q  Y  H  Ţ  G  J
A  O  E  O  E  A  I  N  S  W  G  I  G  I
R  O  B  I  N  E  T  P  M  E  C  U  U  I
P  A  R  F  U  M  Ţ  B  R  T  X  N  B  N
Y  Ș  A  M  P  O  N  U  F  O  B  E  U  I
T  O  B  U  R  E  T  E  X  Y  S  G  L  X
U  O  G  L  I  N  D  Ă  I  O  Ă  O  E  B
D  J  A  E  Q  U  V  D  Ţ  B  P  J  P  R
U  A  O  L  C  O  V  O  R  E  U  W  J  F
Ș  B  Q  F  E  U  P  M  G  V  N  S  G  A
Z  U  X  V  W  T  F  O  A  R  F  E  C  E
L  R  F  T  L  U  Ă  Ţ  Q  K  M  Q  N  D
```

APĂ	BURETE
COVOR	ROBINET
TOALETĂ	SĂPUN
BAIE	LOȚIUNE
BULE	PARFUM
ȘAMPON	FOARFECE
DUȘ	PROSOP
OGLINDĂ	ABUR

86 - Clima

```
T E M P E R A T U R A P A M
C N K O L A I T O R N A D Ă
A T M O S F E R Ă N Y B N D
C E A Ț Ă U A O K O I R S J
L V C J Q R X P J R F I J Y
I Â W C O T F I G R P Z E M
M N O E B U U C U H S Ă K W
A T U R B N L A S M E J D U
T T R N K Ă G L C P C A S S
U K A M D M E E A D E O Ț D
N C G B U A R V T H T S S Ă
E O A J S S Ț K A M Ă Z K L
T Z N H I Q O I S M W L I Ț
P O L A R Y P N I V A Q X T
```

ATMOSFERĂ
BRIZĂ
CER
CLIMAT
GHEAȚĂ
URAGAN
INUNDAȚII
MUSON
CEAȚĂ
NOR

POLAR
FULGER
USCAT
SECETĂ
TEMPERATURA
FURTUNĂ
TORNADĂ
TROPICALE
TUNET
VÂNT

87 - Comida #2

```
Z  P  J  U  W  U  I  L  N  L  L  B  B  N
V  G  C  I  O  C  O  L  A  T  Ă  R  R  X
Y  Â  K  P  F  Ţ  W  Z  N  Y  H  Â  U  E
X  W  N  Z  N  I  G  T  G  H  I  N  X  Z
A  B  W  Ă  V  B  U  H  H  O  U  Z  G  S
I  A  U  R  T  Ţ  E  L  I  N  Ă  Ă  L  T
Q  Ţ  C  P  K  Ă  S  Y  N  M  Ă  R  L  R
Q  P  Â  I  N  E  R  E  A  X  B  O  F  U
L  U  J  O  R  E  Z  M  R  O  Ș  I  E  G
G  I  B  L  P  E  Ş  T  E  N  D  J  R  U
G  R  Â  U  S  B  A  N  A  N  Ă  M  L  R
M  I  G  D  A  L  Ă  Ș  K  I  W  I  C  I
H  M  P  S  M  O  G  E  Ă  Ţ  J  Q  Ţ  D
K  Z  E  Z  L  R  V  A  R  T  X  Y  W  Y
```

ANGHINARE	MĂR
MIGDALĂ	PÂINE
ȚELINĂ	PEŞTE
OREZ	BANANĂ
VÂNĂTĂ	PUI
CIREAȘĂ	BRÂNZĂ
CIOCOLATĂ	ROȘIE
OU	GRÂU
GHIMBIR	STRUGURI
KIWI	IAURT

88 - Castillos

```
C  L  C  R  P  J  Q  X  P  Z  X  Ţ  L  B
Y  K  A  F  E  Ţ  G  Q  K  K  Q  A  N  D
M  C  V  O  R  G  C  O  G  C  R  S  K  I
K  O  A  R  E  M  A  F  E  U  D  A  L  N
C  R  L  T  T  J  L  T  Q  T  M  B  J  A
P  O  E  Ă  E  P  Y  M  I  R  U  I  R  S
A  A  R  R  S  D  P  B  M  T  I  E  O  T
U  N  L  E  C  A  T  A  P  U  L  T  A  I
N  Ă  D  A  U  T  X  L  E  F  M  I  C  E
I  O  M  Ţ  T  U  T  A  R  P  R  I  N  Ţ
C  Y  B  Ă  A  R  E  U  I  Ţ  R  G  H  S
O  H  T  I  Z  N  X  R  U  F  N  C  T  F
R  S  S  B  L  P  R  I  N  Ţ  E  S  Ă  N
N  X  N  M  Q  H  D  A  R  M  U  R  Ă  I
```

ARMURĂ
CAVALER
CAL
CATAPULTA
COROANĂ
DINASTIE
BALAUR
SCUT
SABIE
FEUDAL

FORTĂREAŢĂ
IMPERIU
NOBIL
PALAT
PERETE
PRINŢESĂ
PRINŢ
REGAT
TURN
UNICORN

89 - Arte

```
S  C  U  L  P  T  U  R  Ă  O  W  S  C  Z
S  U  P  X  B  G  Y  I  P  E  W  U  O  I
D  I  B  K  Ţ  T  W  J  A  O  Z  P  M  S
I  C  M  I  Q  E  M  W  C  P  W  R  P  I
S  E  S  B  E  P  E  R  S  O  N  A  L  M
P  R  U  I  O  C  E  D  E  G  R  E  P
O  A  K  R  D  L  T  E  X  Z  F  E  X  L
Z  M  C  R  E  A  F  I  P  I  J  A  V  U
I  I  L  H  P  O  R  T  R  E  T  L  I  Y
T  C  U  C  T  W  U  X  E  O  U  I  Z  N
I  Ă  L  I  B  H  S  P  S  Z  F  S  U  Y
E  R  S  I  N  C  E  R  I  W  C  M  A  X
O  R  I  G  I  N  A  L  E  B  M  J  L  U
I  N  S  P  I  R  A  T  K  P  Y  Ţ  A  T
```

CERAMICĂ
COMPLEX
CREA
SCULPTURĂ
EXPRESIE
SINCER
DISPOZITIE
INSPIRAT
ORIGINAL

PERSONAL
POEZIE
PORTRET
SIMPLU
SIMBOL
SUPRAREALISM
SUBIECT
VIZUAL

90 - Herboristería

```
Ș  O  F  R  A  N  M  E  N  T  Ă  P  C  L
F  Z  L  A  V  A  N  D  Ă  G  G  I  U  T
Y  J  O  J  S  K  U  D  Z  C  T  N  L  A
M  N  A  G  Ţ  E  C  K  V  Q  D  G  I  R
V  E  R  D  E  V  A  M  Ă  R  A  R  N  H
B  W  E  J  G  R  L  A  J  P  M  E  A  O
U  S  T  U  R  O  I  G  P  R  R  D  R  N
S  A  Ţ  G  Ă  Z  T  H  Ţ  L  B  I  Z  H
U  R  R  T  D  M  A  I  D  D  A  E  P  S
I  O  H  N  I  A  T  R  S  F  X  N  C  E
O  M  Z  U  N  R  E  A  M  G  U  T  T  Z
C  A  P  E  Ă  I  R  N  A  R  O  M  Ă  Ă
P  T  A  F  E  N  I  C  U  L  M  P  J  A
P  Ă  T  R  U  N  J  E  L  O  G  E  U  J
```

USTUROI	INGREDIENT
BUSUIOC	GRĂDINĂ
AROMAT	LAVANDĂ
ȘOFRAN	MAGHIRAN
CALITATE	MENTĂ
CULINAR	PĂTRUNJEL
MĂRAR	PLANTĂ
TARHON	ROZMARIN
FLOARE	AROMĂ
FENICUL	VERDE

91 - Verano

```
Z O Z C P J A L I M E N T E
B H B H R O J M Z D U Y D C
U M U Z I C Ă A I R E W Z Ă
V S C Ț E U P W C N M E B R
M Z U H T R I B A B T A G Ț
A P R K E I F A M I L I E I
R N I Y N I C K P S Q F R V
E P E U I D B C I D T V F I
R E L A X A R E N Y U E X Y
A C A S Ă P X H G D V T L Z
S C U F U N D Ă R I O Y H E
Y T P L A J Ă G R Ă D I N Ă
V I C T I M P L I B E R G Ț
F S A N D A L E M J V T F Y
```

BUCURIE
PRIETENI
SCUFUNDĂRI
CAMPING
ALIMENTE
STELE
FAMILIE
ACASĂ
GRĂDINĂ

JOCURI
CĂRȚI
MARE
MUZICĂ
TIMP LIBER
PLAJĂ
AMINTIRI
RELAXARE
SANDALE

92 - Insectos

```
G Ă R G Ă R I Ţ Ă J Z M J G
L A R V Ă Ţ Â N Ţ A R O U Ţ
B V I E R M E X C J T L N H
S F V I E S P E P U R I C I
A L U A L B I N Ă A O E Y G
L J W R Y H A B T F V V W R
C Q G Â N D A C J I G Ţ L E
Â D U L C I B O R D L S W I
M A N T I S C B Ţ Ă J J O E
K X B D K M L Ă C U S T Ă R
L I B E L U L Ă A U K K B G
V U Q F L U T U R E T U V Q
T E R M I T Ă L K E O K P I
R G H G X J B L T V K Ţ W G
```

ALBINĂ
VIESPE
AFIDĂ
GREIER
GÂNDAC
VIERME
FURNICĂ
SALCÂM
LARVĂ

LIBELULĂ
MANTIS
FLUTURE
GĂRGĂRIŢĂ
ŢÂNŢAR
MOLIE
PURICI
LĂCUSTĂ
TERMITĂ

93 - Especias

```
P A P R I K A D A V N L K G
F E N I C U L U R A U E I F
I O R C V V E L O N C M L C
Q F B N R A Q C M I Ş N P T
O Ţ Z U M W Q E Ă L O D D K
C A R D A M O M F I A U T P
H N C G X X K S P E R L M C
I A H H X T P G A W Ă C J E
M S D I A C R U Z R Q E I A
I O A M A R P I S U E Y H P
O N P B U S T U R O I W F Ă
N G R I T Z P Ş O F R A N J
S C O R Ţ I Ş O A R Ă S H Ţ
P I P E R K Ţ C U R R Y U I
```

ACRU
USTUROI
AMAR
ANASON
ȘOFRAN
SCORȚIȘOARĂ
CARDAMOM
CEAPĂ
CHIMION
CURRY

DULCE
FENICUL
GHIMBIR
NUCŞOARĂ
PAPRIKA
PIPER
LEMN DULCE
AROMĂ
SARE
VANILIE

94 - Emociones

```
R  N  S  F  U  R  I  E  S  N  V  I  C  R
E  Z  C  A  L  M  P  I  X  L  X  D  S  E
L  Y  G  L  T  F  E  R  I  C  I  R  E  C
I  P  L  X  L  I  Y  Ţ  J  E  N  A  T  U
E  W  Z  O  H  U  S  P  A  C  E  G  C  N
F  K  H  K  F  R  S  F  Y  P  M  O  O  O
B  U  N  Ă  T  A  T  E  Ă  Z  I  S  N  S
E  S  U  R  P  R  I  Z  Ă  C  E  T  Ţ  C
R  E  L  A  X  A  T  P  G  K  U  E  I  Ă
B  X  T  S  L  I  N  I  Ș  T  E  T  N  T
P  L  I  C  T  I  S  E  A  L  Ă  J  U  O
B  U  C  U  R  I  E  E  Y  S  F  F  T  R
S  I  M  P  A  T  I  E  F  R  I  C  Ă  V
S  E  N  S  I  B  I  L  I  T  A  T  E  Ţ
```

PLICTISEALĂ	FURIE
RECUNOSCĂTOR	FRICĂ
BUCURIE	PACE
RELIEF	RELAXAT
DRAGOSTE	SATISFĂCUT
JENAT	SIMPATIE
FERICIRE	SURPRIZĂ
BUNĂTATE	SENSIBILITATE
CALM	LINIȘTE
CONŢINUT	

95 - Mediciones

```
G K I L O M E T R U N C I E
R Î N Ă L Ţ I M E O U Q Ţ H
E Z D V Q V O L U M D Z S E
U P W I M E T R U N B J L T
T Z E C I M A L X Q Y A B L
A L R E N G G R A D T F V Q
T P V N U S R G A H E K T S
E S X T T M A D Â N C I M E
L Ă Ţ I M E M A S Ă T L C I
D K K M N L A P Y J U O X T
Z B U E N C I M E N T G N S
X J U T G Z H T K W G R E Ă
C I G R J Ţ Ţ V R Z F A R T
Ţ B L U N G I M E U S M J C
```

ÎNĂLŢIME	LUNGIME
LĂŢIME	MASĂ
BYTE	METRU
CENTIMETRU	MINUT
ZECIMAL	UNCIE
GRAD	GREUTATE
GRAM	ADÂNCIME
KILOGRAM	INCH
KILOMETRU	TONĂ
LITRU	VOLUM

96 - Barcos

```
C A T A R G C I N M A R E Z
A A C F Â E A U A O A W L T
N F Z R U L I W U T E R D O
O T B Â J D A L T O Q Z E Ţ
E N N N P Ţ C G I R F Ţ C E
I D Y G N L A C C E V L H J
N T E H A F U M A R I T I M
M A R I N A R T I A H T P E
Ţ N V E Y Q B C Ă H N A A Ţ
T C K E A V V A L U R I J Z
Ţ O C E A N O B C K M O M X
B R G E A M A N D U R Ă A N
W Ă O G D P O M S W V S Q P
Ţ J I L X U W V U H U J O I
```

ANCORĂ   MARINAR
PLUTĂ   MARITIM
GEAMANDURĂ   CATARG
CANOE   MOTOR
FRÂNGHIE   NAUTIC
BAC   OCEAN
CAIAC   VALURI
LAC   RÂU
MARE   ECHIPAJ
MAREE   IAHT

97 - Antártida

```
S P R Z G H E A Ț Ă M D D O
T I G Ș E C P V P F Z F O A
Â N H T O O X J C Ă F D Y V
N G E I G N F M O Ț Z W P I
C U Ț I R S M I N E R A L E
O I A N A E Z G T O I W P X
S N R Ț F R Y R I W R J Ă P
L I I I I V P A N K P I S E
G O L F E A P Ț E D W N Ă D
U K P I D R I I N Q N S R I
V W X C M E W E T E X U I Ț
P E N I N S U L Ă D X L D I
C E R C E T Ă T O R F E X E
T E M P E R A T U R A W N X
```

APĂ   INSULE
GOLF   MIGRAȚIE
ȘTIINȚIFIC   MINERALE
CONSERVARE   NORI
CONTINENT   PĂSĂRI
EXPEDIȚIE   PENINSULĂ
GEOGRAFIE   PINGUINI
GHEȚARI   STÂNCOS
GHEAȚĂ   TEMPERATURA
CERCETĂTOR

98 - Piratas

```
A V E N T U R Ă H X P C W A
C P A P A G A L A Y R Ă Y M
I E C H I P A J R J O P P A
C B U S O L Ă Y T P V I U F
A N C O R Ă L R Ă T L T J D
T I H V D R B C O M O A R Ă
R N P E R I C O L O J N J B
I S O L H O C O R N C P R Ă
C U U E U A M G D E D L T S
E L B G Z R U M Z D R Ă U A
D Ă P E Ș T E R Ă E A P J B
I X J N H X W I J L P V Ţ I
E F Z D S F L H K A E M E E
A L K Ă G I U C V K L C R A
```

ANCORĂ	PAPAGAL
AVENTURĂ	RĂU
DRAPEL	HARTĂ
BUSOLĂ	MONEDE
CĂPITAN	AUR
CICATRICE	PERICOL
PEȘTERĂ	PLAJĂ
SABIE	ROM
INSULĂ	COMOARĂ
LEGENDĂ	ECHIPAJ

99 - Mamíferos

```
V P X B C Ă M I L Ă K W H X
J O N T A U R I E P U R E B
P F Y G L L P I S I C Ă Q V
L M D I M D E L F I N X R O
Z B Z T C Â I N E E V D Y G
Ţ W K A O I R S Ă J P V P H
R E X D I Y P B C I K S G G
P V V C O D G I E U G Q G A
L U P M T V G D G Y Q O U Q
L L T X Ă N D O I Z E B R Ă
Q P B G Ţ G Y H R M Q S S J
B E O A I E A M A I M U Ţ Ă
E L E F A N T R F Ţ L M D T
C A N G U R K C Ă T R Ă C P
```

BALENĂ   PISICĂ
MĂGAR   GORILĂ
CAL   GIRAFĂ
CĂMILĂ   LUP
CANGUR   MAIMUŢĂ
ZEBRĂ   URS
IEPURE   OAIE
COIOT   CÂINE
DELFIN   TAUR
ELEFANT   VULPE

100 - Abejas

```
D C E A R Ă N G P H H P B G
I O R E G I N Ă L F F O E R
V D P W X D U Q A U H L N Ă
E X Z F F U M V N G Q E E D
R N S X H A B I T A T N F I
S T U P V I J R E Ţ C I I N
I F L O R I M Q L R S Z C Ă
T T G A L I M E N T E A L O
A R I P I R S O A R E T J T
T Ţ U D I O O W N Ţ D O C D
E L M I G A P I A U O R I C
E C O S I S T E M P O L E N
U K S S I N S E C T Ă H U G
F R U C T D I V I C D J Y G
```

ARIPI   HABITAT
BENEFIC   FUM
CEARĂ   INSECTĂ
STUP   GRĂDINĂ
ALIMENTE   MIERE
DIVERSITATE   PLANTE
ECOSISTEM   POLEN
ROI   POLENIZATOR
FLORI   REGINĂ
FRUCT   SOARE

1 - Ajedrez

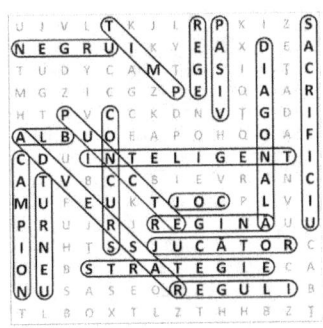

2 - Agua

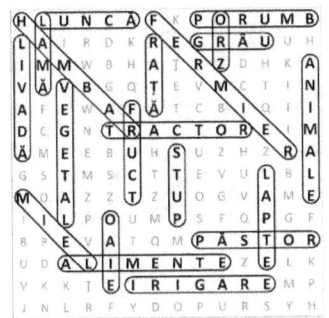

3 - Granja #2

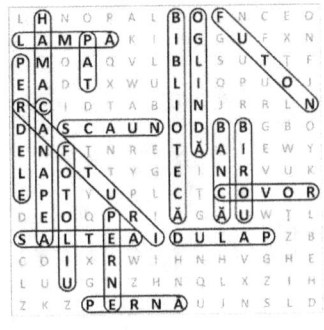

4 - Mueble

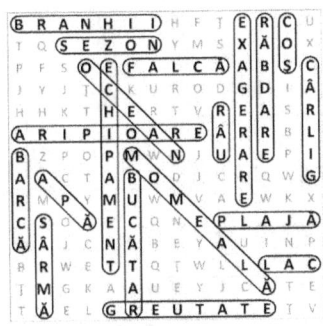

5 - Pesca

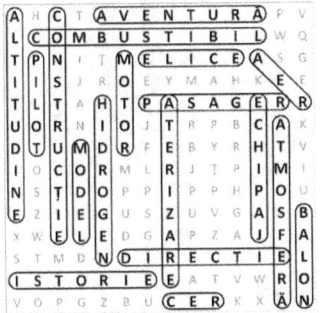

6 - Aviones

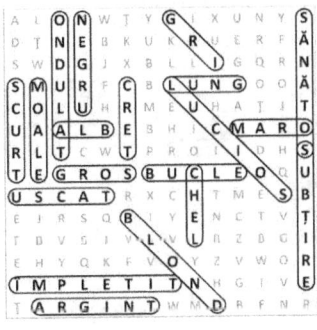

7 - Tipos de Cabello

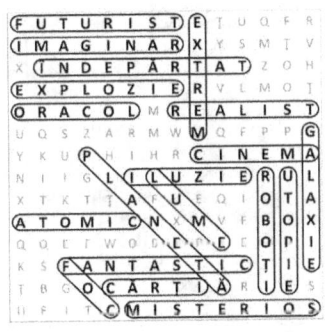

8 - Ciencia Ficción

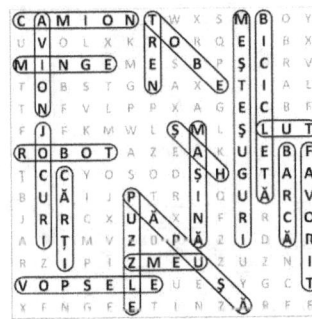

9 - Juguetes

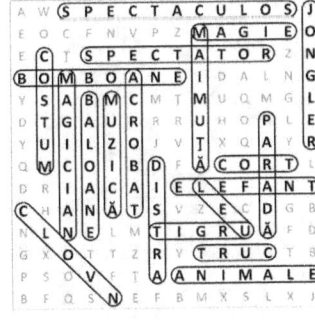

10 - Circo

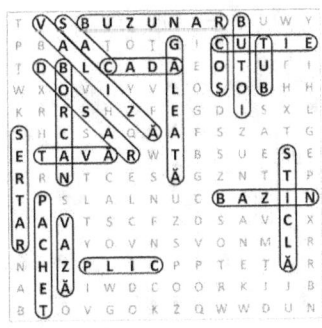

11 - Rellenar

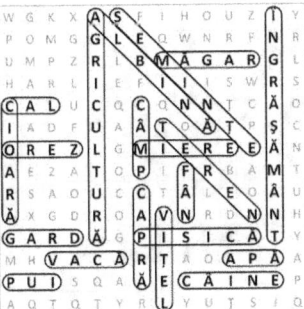

12 - Granja #1

13 - Camping

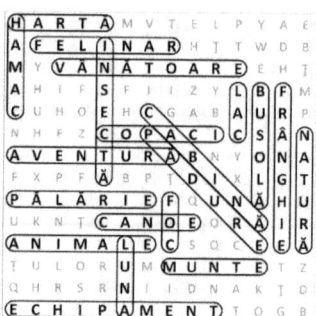

14 - Fruta

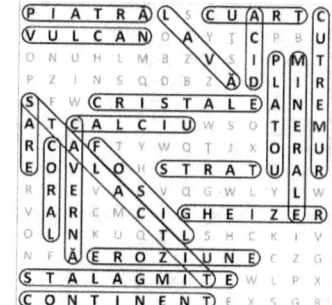

15 - Geología

16 - Plantas

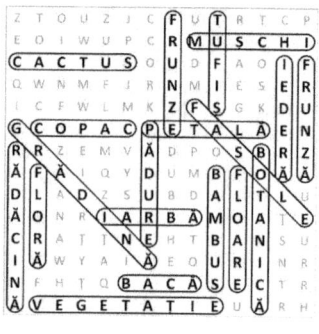

17 - Suministros de Arte

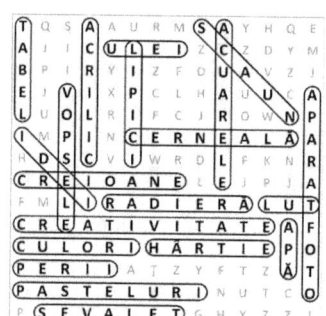

18 - Jardín

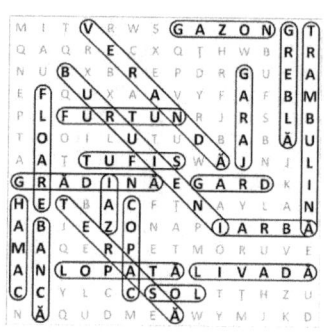

19 - Países #2

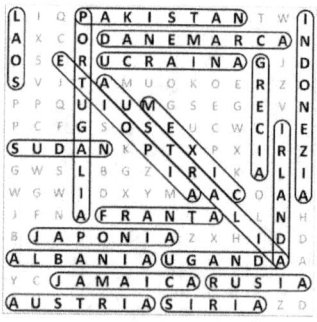

20 - Tecnología

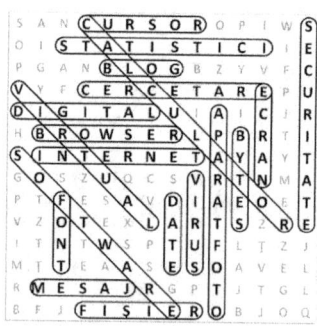

21 - Números

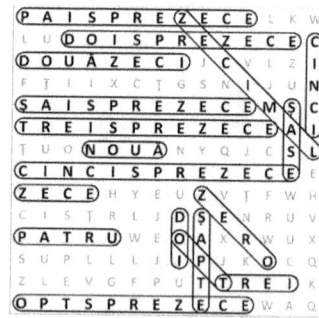

22 - Mitología

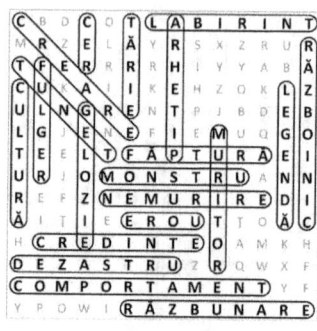

23 - Ecología

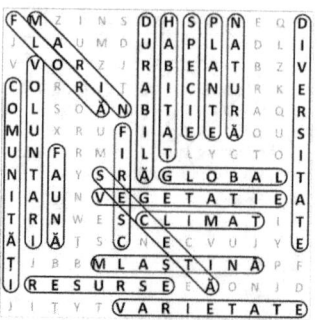

24 - Casa

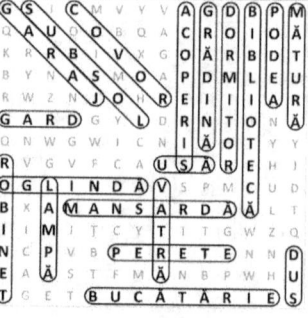

25 - Artes Visuales

26 - Escuela #2

27 - Selva Tropical

28 - Colores

29 - Adjetivos #1

30 - Familia

31 - Disciplinas Científicas

32 - Gatos

33 - Cocina

34 - Escuela #1

35 - Adjetivos #2

36 - Cuerpo Humano

37 - Ciencia

38 - Dinosaurios

39 - Restaurante #2

40 - Profesiones #1

41 - Vehículos

42 - Vacaciones #2

43 - Cumpleaños

44 - Baile

45 - Matemáticas

46 - Restaurante #1

47 - Profesiones #2

48 - Senderismo

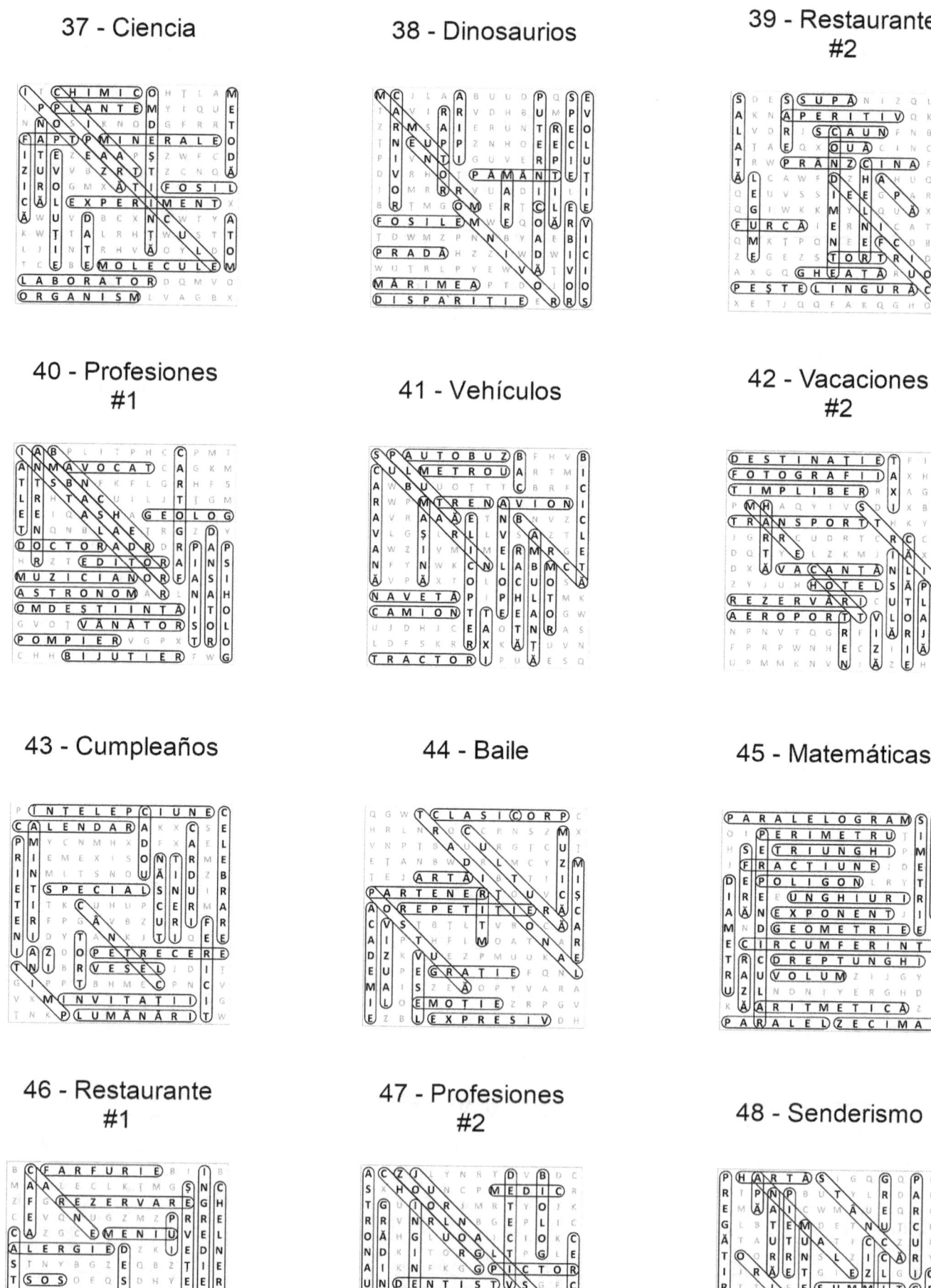

49 - Naturaleza

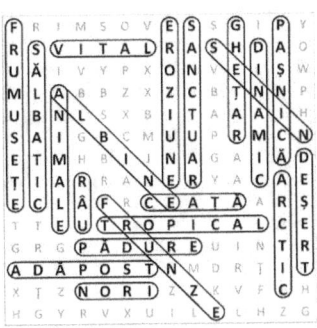

50 - Conduciendo

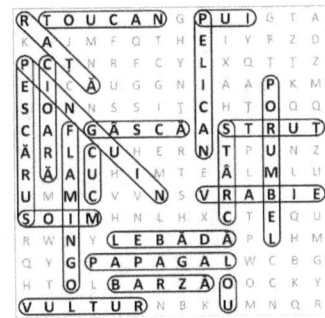

51 - Ballet

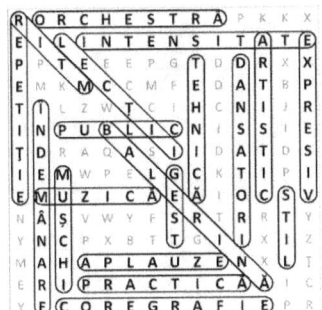

52 - Aventura

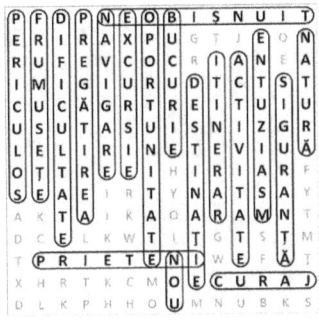

53 - Pájaros

54 - Surf

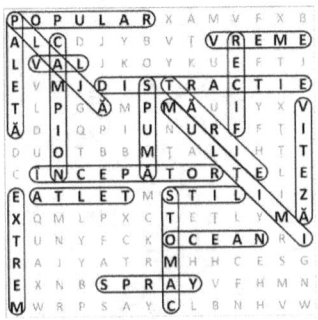

55 - Geografía

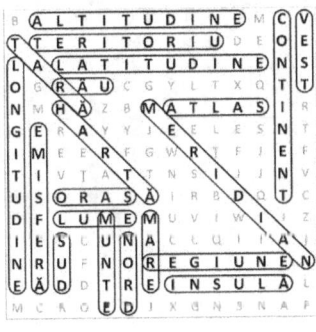

56 - Deportes

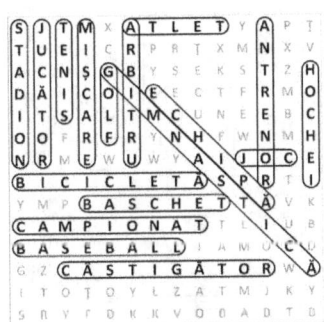

57 - Actividades

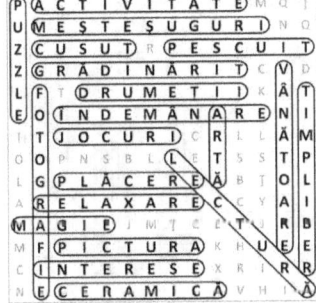

58 - Verduras

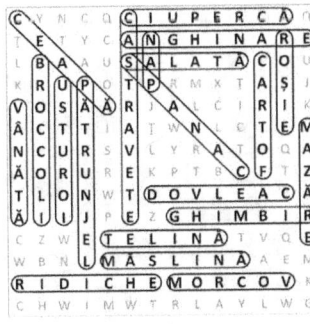

59 - Instrumentos Musicales

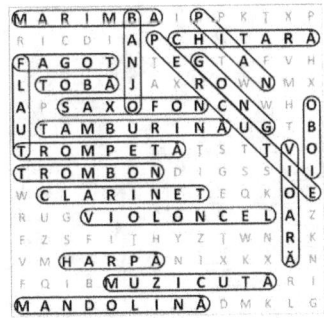

60 - Escalada

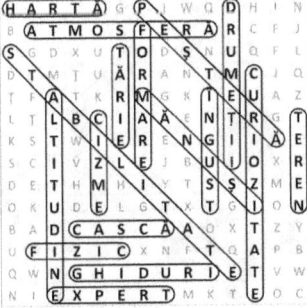

61 - Mascotas

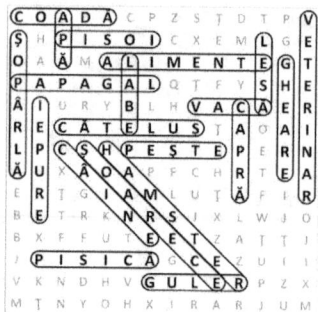

62 - Formas

63 - Flores

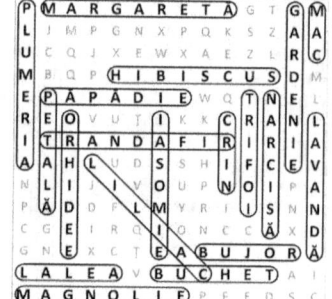

64 - Astronomía

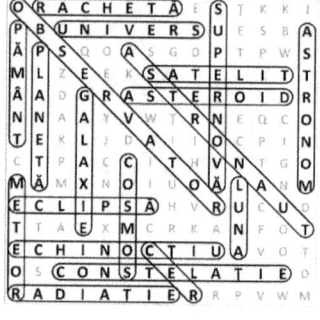

65 - Tiempo

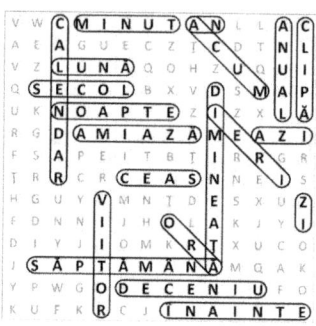

66 - Paisajes

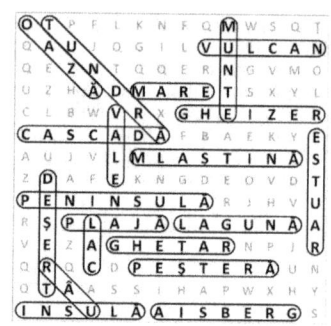

67 - Días y Meses

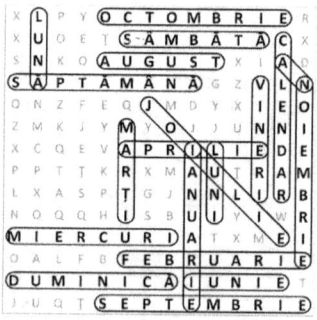

68 - Chocolate

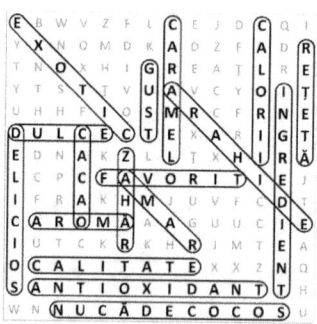

69 - Barbacoas

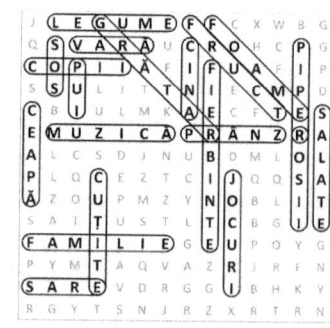

70 - Ropa

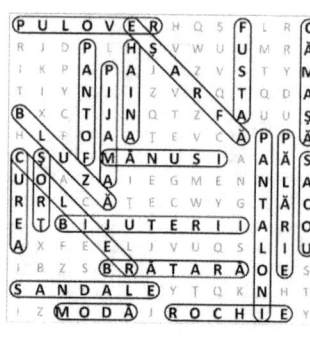

71 - Meditación

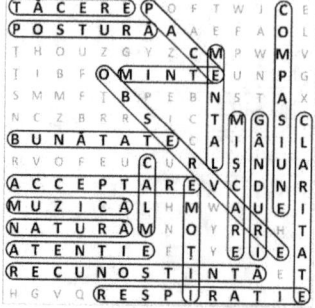

72 - Comedia

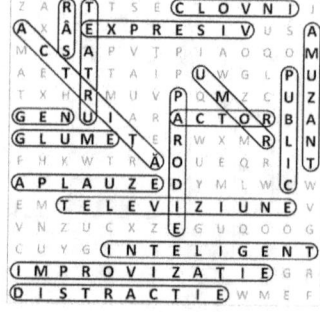

73 - Libros

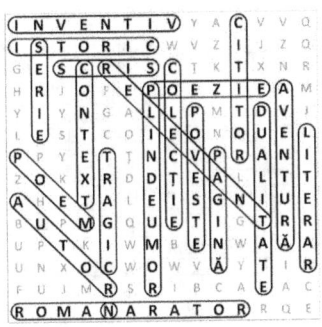

74 - Nutrición

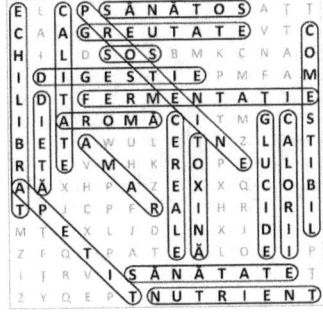

75 - Bondad

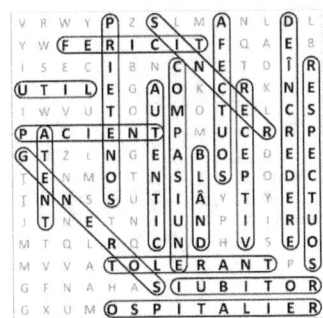

76 - Edificios

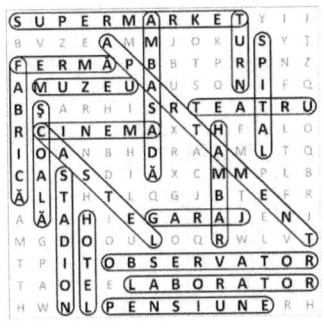

77 - Océano

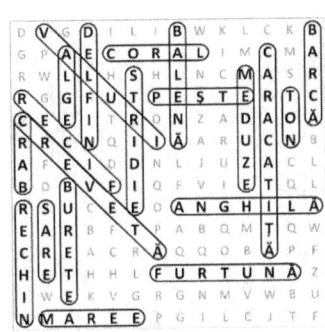

78 - Ciudad

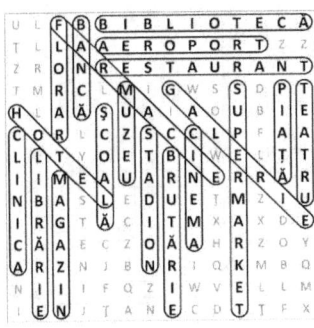

79 - Conservación

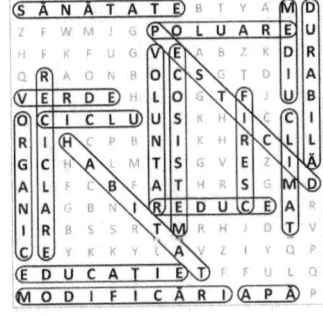

80 - Exploración

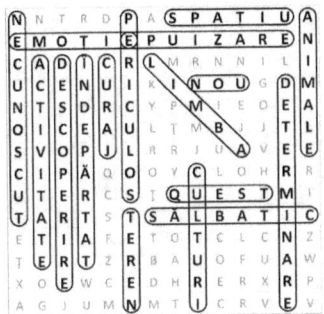

81 - Actividades y Ocio

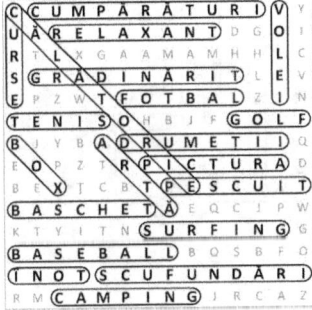

82 - Comida #1

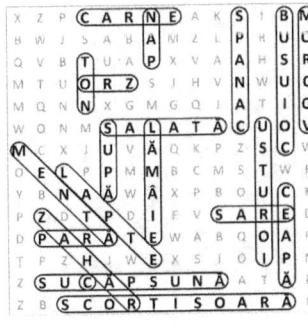

83 - Virtudes #1

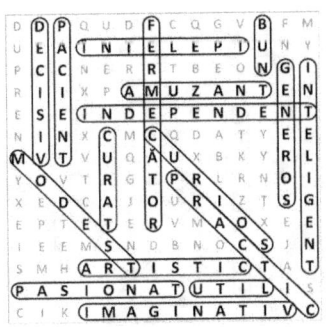

84 - Literatura

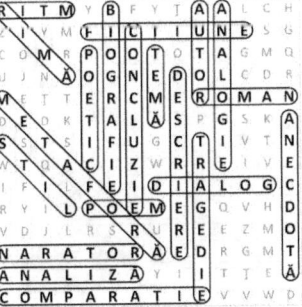

85 - Baño

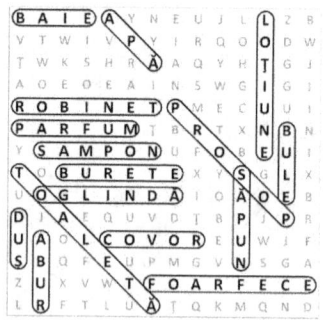

86 - Clima

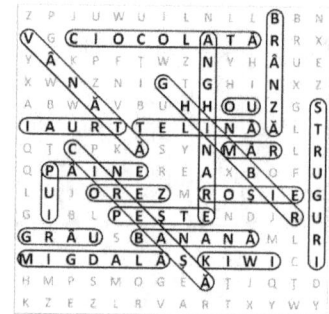

87 - Comida #2

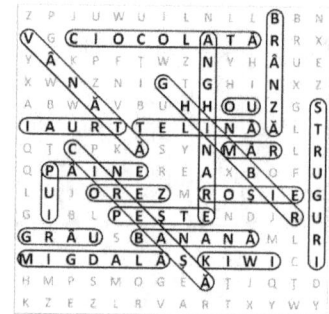

88 - Castillos

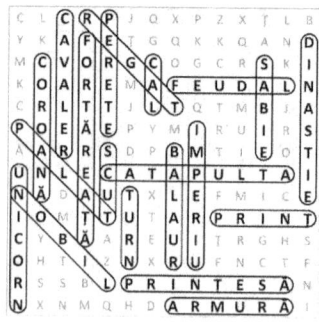

89 - Arte

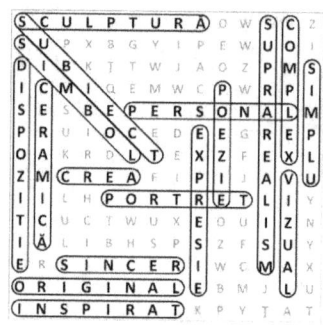

90 - Herboristería

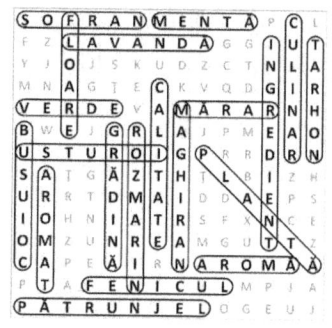

91 - Verano

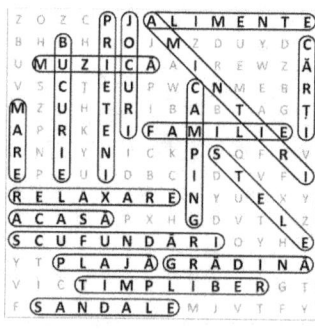

92 - Insectos

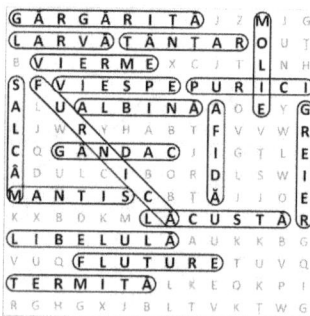

93 - Especias

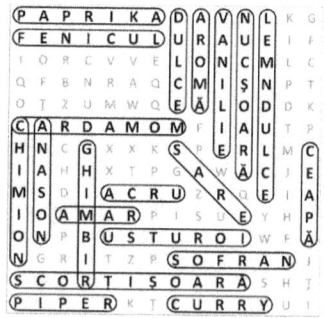

94 - Emociones

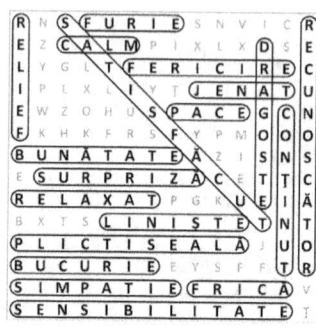

95 - Mediciones

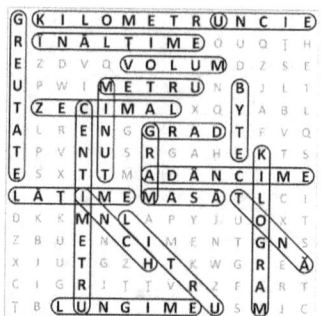

96 - Barcos

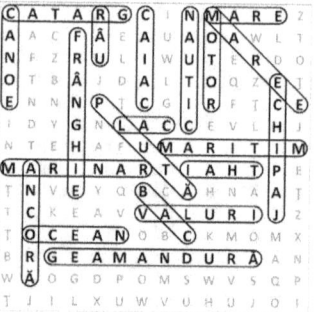

97 - Antártida

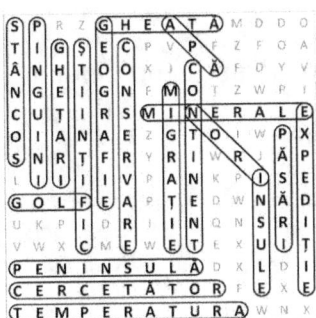

98 - Piratas

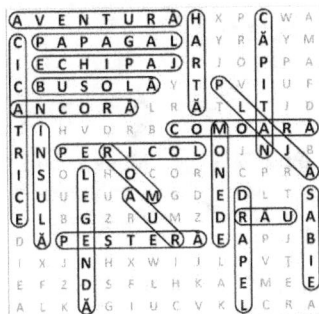

99 - Mamíferos

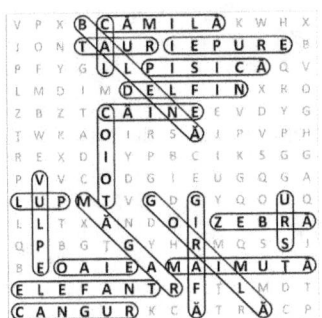

100 - Abejas

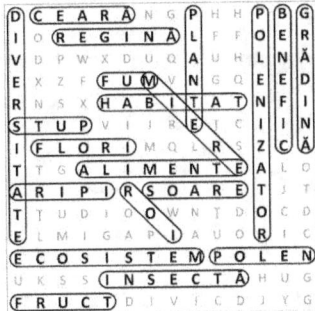

Diccionario

Abejas
Albinele

Alas	Aripi
Beneficioso	Benefic
Cera	Ceară
Colmena	Stup
Comida	Alimente
Diversidad	Diversitate
Ecosistema	Ecosistem
Enjambre	Roi
Flores	Flori
Fruta	Fruct
Hábitat	Habitat
Humo	Fum
Insecto	Insectă
Jardín	Grădină
Miel	Miere
Plantas	Plante
Polen	Polen
Polinizador	Polenizator
Reina	Regină
Sol	Soare

Actividades
Activități

Actividad	Activitate
Arte	Artă
Artesanía	Meșteșuguri
Caza	Vânătoare
Cerámica	Ceramică
Costura	Cusut
Fotografía	Fotografie
Habilidad	Îndemânare
Intereses	Interese
Jardinería	Grădinărit
Juegos	Jocuri
Lectura	Lectură
Magia	Magie
Ocio	Timp Liber
Pesca	Pescuit
Pintura	Pictura
Placer	Plăcere
Relajación	Relaxare
Rompecabezas	Puzzle
Senderismo	Drumeții

Actividades y Ocio
Activități și Timp Liber

Arte	Artă
Baloncesto	Baschet
Béisbol	Baseball
Boxeo	Box
Buceo	Scufundări
Camping	Camping
Carreras	Curse
Compras	Cumpărături
Fútbol	Fotbal
Golf	Golf
Jardinería	Grădinărit
Natación	Înot
Pesca	Pescuit
Pintura	Pictura
Relajante	Relaxant
Senderismo	Drumeții
Surf	Surfing
Tenis	Tenis
Viaje	Călătorie
Voleibol	Volei

Adjetivos #1
Adjective #1

Absoluto	Absolut
Activo	Activ
Ambicioso	Ambițios
Aromático	Aromat
Atractivo	Atractiv
Brillante	Luminos
Enorme	Imens
Generoso	Generos
Grande	Mare
Honesto	Sincer
Importante	Important
Inocente	Nevinovat
Joven	Tineri
Lento	Încet
Moderno	Modern
Oscuro	Întuneric
Perfecto	Perfect
Pesado	Greu
Serio	Serios
Valioso	Valoros

Adjetivos #2
Adjective #2

Cansado	Obosit
Comestible	Comestibil
Creativo	Creativ
Descriptivo	Descriptiv
Dramático	Dramatic
Elegante	Elegant
Famoso	Celebru
Fresco	Proaspăt
Fuerte	Puternic
Interesante	Interesant
Natural	Firesc
Normal	Normal
Nuevo	Nou
Orgulloso	Mândru
Picante	Picant
Productivo	Productiv
Responsable	Responsabil
Salado	Sărat
Saludable	Sănătos
Seco	Uscat

Agua
Apă

Canal	Canal
Ducha	Duș
Evaporación	Evaporare
Géiser	Gheizer
Helada	Înghet
Hielo	Gheață
Humedad	Umiditate
Huracán	Uragan
Húmedo	Umede
Inundación	Inundații
Lago	Lac
Lluvia	Ploaie
Monzón	Muson
Nieve	Zăpadă
Océano	Ocean
Olas	Valuri
Riego	Irigare
Río	Râu
Vapor	Abur

Ajedrez
Şah

Blanco	Alb
Campeón	Campion
Concurso	Concurs
Diagonal	Diagonală
Estrategia	Strategie
Inteligente	Inteligent
Juego	Joc
Jugador	Jucător
Negro	Negru
Oponente	Adversar
Pasivo	Pasiv
Puntos	Puncte
Reglas	Reguli
Reina	Regină
Rey	Rege
Sacrificio	Sacrificiu
Tiempo	Timp
Torneo	Turneu

Antártida
Antarctica

Agua	Apă
Bahía	Golf
Científico	Ştiinţific
Conservación	Conservare
Continente	Continent
Expedición	Expediţie
Geografía	Geografie
Glaciares	Gheţari
Hielo	Gheaţă
Investigador	Cercetător
Islas	Insule
Migración	Migraţie
Minerales	Minerale
Nubes	Nori
Pájaros	Păsări
Península	Peninsulă
Pingüinos	Pinguini
Rocoso	Stâncos
Temperatura	Temperatura
Topografía	Topografie

Arte
Arta

Cerámica	Ceramică
Complejo	Complex
Composición	Compoziţie
Crear	Crea
Escultura	Sculptură
Expresión	Expresie
Honesto	Sincer
Humor	Dispozitie
Inspirado	Inspirat
Original	Original
Personal	Personal
Poesía	Poezie
Retratar	Portret
Sencillo	Simplu
Símbolo	Simbol
Surrealismo	Suprarealism
Tema	Subiect
Visual	Vizual

Artes Visuales
Arte Vizuale

Arcilla	Argilă
Arquitectura	Arhitectură
Artista	Artist
Barniz	Lac
Caballete	Şevalet
Carbón	Cărbune
Cera	Ceară
Cerámica	Ceramică
Composición	Compoziţie
Creatividad	Creativitate
Escultura	Sculptură
Fotografía	Fotografie
Lápiz	Creion
Obra Maestra	Capodoperă
Película	Film
Perspectiva	Perspectivă
Pintura	Pictura
Pluma	Pix
Retrato	Portret
Tiza	Cretă

Astronomía
Astronomie

Asteroide	Asteroid
Astronauta	Astronaut
Astrónomo	Astronom
Cielo	Cer
Cohete	Rachetă
Constelación	Constelaţie
Cosmos	Cosmos
Eclipse	Eclipsă
Equinoccio	Echinocţiu
Galaxia	Galaxie
Luna	Luna
Meteoro	Meteor
Observatorio	Observator
Planeta	Planetă
Radiación	Radiaţie
Satélite	Satelit
Supernova	Supernovă
Telescopio	Telescop
Tierra	Pământ
Universo	Univers

Aventura
Aventuri

Actividad	Activitate
Alegría	Bucurie
Amigos	Prieteni
Belleza	Frumuseţe
Destino	Destinaţie
Dificultad	Dificultate
Entusiasmo	Entuziasm
Excursión	Excursie
Inusual	Neobişnuit
Itinerario	Itinerar
Naturaleza	Natură
Navegación	Navigare
Nuevo	Nou
Oportunidad	Oportunitate
Peligroso	Periculos
Preparación	Pregătirea
Seguridad	Siguranţa
Sorprendente	Surprinzător
Valentía	Curaj
Viajes	Călătorii

Aviones
Avioane

Aire	Aer
Altitud	Altitudine
Altura	Înălțime
Aterrizaje	Aterizare
Atmósfera	Atmosferă
Aventura	Aventură
Cielo	Cer
Combustible	Combustibil
Construcción	Construcție
Dirección	Direcție
Diseño	Model
Globo	Balon
Hélices	Elice
Hidrógeno	Hidrogen
Historia	Istorie
Motor	Motor
Pasajero	Pasager
Piloto	Pilot
Tripulación	Echipaj
Turbulencia	Turbulență

Baile
Dance

Academia	Academie
Alegre	Vesel
Arte	Artă
Clásico	Clasic
Coreografía	Coregrafie
Cuerpo	Corp
Cultura	Cultură
Cultural	Cultural
Emoción	Emoție
Ensayo	Repetiție
Expresivo	Expresiv
Gracia	Grație
Movimiento	Mișcare
Música	Muzică
Postura	Postură
Ritmo	Ritm
Socio	Partener
Tradicional	Tradițional
Visual	Vizual

Ballet
Balet

Aplauso	Aplauze
Artístico	Artistic
Audiencia	Public
Bailarina	Balerină
Bailarines	Dansatori
Compositor	Compozitor
Coreografía	Coregrafie
Ensayo	Repetiție
Estilo	Stil
Expresivo	Expresiv
Gesto	Gest
Habilidad	Îndemânare
Intensidad	Intensitate
Lecciones	Lecții
Músculos	Mușchi
Música	Muzică
Orquesta	Orchestră
Práctica	Practică
Ritmo	Ritm
Técnica	Tehnică

Baño
Baie

Agua	Apă
Alfombra	Covor
Aseo	Toaletă
Baño	Baie
Burbujas	Bule
Champú	Șampon
Ducha	Duș
Espejo	Oglindă
Esponja	Burete
Grifo	Robinet
Jabón	Săpun
Loción	Loțiune
Perfume	Parfum
Tijeras	Foarfece
Toalla	Prosop
Vapor	Abur

Barbacoas
Grătare

Almuerzo	Prânz
Caliente	Fierbinte
Cebollas	Ceapă
Cena	Cina
Cuchillos	Cuțite
Ensaladas	Salate
Familia	Familie
Fruta	Fruct
Hambre	Foame
Juegos	Jocuri
Música	Muzică
Niños	Copii
Parrilla	Grătar
Pimienta	Piper
Pollo	Pui
Sal	Sare
Salsa	Sos
Tomates	Roșii
Verano	Vară
Verduras	Legume

Barcos
Barci

Ancla	Ancoră
Balsa	Plută
Boya	Geamandură
Canoa	Canoe
Cuerda	Frânghie
Ferry	Bac
Kayak	Caiac
Lago	Lac
Mar	Mare
Marea	Maree
Marinero	Marinar
Marítimo	Maritim
Mástil	Catarg
Motor	Motor
Náutico	Nautic
Océano	Ocean
Olas	Valuri
Río	Râu
Tripulación	Echipaj
Yate	Iaht

Bondad
Bunătate

Afectuoso	Afectuos
Amistoso	Prietenos
Amoroso	Iubitor
Atento	Atent
Compasivo	Compasiune
Comprensión	Înțelegere
Feliz	Fericit
Fiable	De Încredere
Generoso	Generos
Genuino	Autentic
Honesto	Sincer
Hospitalario	Ospitalier
Paciente	Pacient
Receptivo	Receptiv
Respetuoso	Respectuos
Suave	Blând
Tolerante	Tolerant
Útil	Util

Camping
Camping

Animales	Animale
Aventura	Aventură
Árboles	Copaci
Bosque	Pădure
Brújula	Busolă
Cabina	Cabină
Canoa	Canoe
Caza	Vânătoare
Cuerda	Frânghie
Equipo	Echipament
Fuego	Foc
Hamaca	Hamac
Insecto	Insectă
Lago	Lac
Linterna	Felinar
Luna	Luna
Mapa	Hartă
Montaña	Munte
Naturaleza	Natură
Sombrero	Pălărie

Casa
Casa

Alfombra	Covor
Ático	Mansardă
Biblioteca	Bibliotecă
Chimenea	Vatră
Cocina	Bucătărie
Dormitorio	Dormitor
Ducha	Duș
Escoba	Mătură
Espejo	Oglindă
Garaje	Garaj
Grifo	Robinet
Jardín	Grădină
Lámpara	Lampă
Pared	Perete
Piso	Podea
Puerta	Ușă
Sótano	Subsol
Techo	Acoperiș
Valla	Gard
Ventana	Fereastră

Castillos
Castele

Armadura	Armură
Caballero	Cavaler
Caballo	Cal
Catapulta	Catapulta
Corona	Coroană
Dinastía	Dinastie
Dragón	Balaur
Escudo	Scut
Espada	Sabie
Feudal	Feudal
Fortaleza	Fortăreață
Imperio	Imperiu
Noble	Nobil
Palacio	Palat
Pared	Perete
Princesa	Prințesă
Príncipe	Prinț
Reino	Regat
Torre	Turn
Unicornio	Unicorn

Chocolate
Ciocolată

Amargo	Amar
Antioxidante	Antioxidant
Azúcar	Zahăr
Cacahuetes	Arahide
Cacao	Cacao
Calidad	Calitate
Calorías	Calorii
Caramelo	Caramel
Coco	Nucă de Cocos
Delicioso	Delicios
Dulce	Dulce
Exótico	Exotic
Favorito	Favorit
Gusto	Gust
Ingrediente	Ingredient
Receta	Rețetă
Sabor	Aromă

Ciencia
Știință

Átomo	Atom
Científico	Om de Știință
Clima	Climat
Datos	Date
Evolución	Evoluție
Experimento	Experiment
Física	Fizică
Fósil	Fosil
Gravedad	Gravitație
Hecho	Fapt
Hipótesis	Ipoteză
Laboratorio	Laborator
Método	Metodă
Minerales	Minerale
Moléculas	Molecule
Naturaleza	Natură
Organismo	Organism
Partículas	Particule
Plantas	Plante
Químico	Chimic

Ciencia Ficción
Operă Științifico-Fantas

Atómico	Atomic
Cine	Cinema
Distante	Îndepărtat
Explosión	Explozie
Extremo	Extrem
Fantástico	Fantastic
Fuego	Foc
Futurista	Futurist
Galaxia	Galaxie
Ilusión	Iluzie
Imaginario	Imaginar
Libros	Cărți
Misterioso	Misterios
Mundo	Lume
Oráculo	Oracol
Planeta	Planetă
Realista	Realist
Robots	Roboți
Tecnología	Tehnologie
Utopía	Utopie

Circo
Circ

Acróbata	Acrobat
Animales	Animale
Caramelo	Bomboane
Carpa	Cort
Desfile	Paradă
Elefante	Elefant
Entretener	Distra
Espectacular	Spectaculos
Espectador	Spectator
Globos	Baloane
León	Leu
Magia	Magie
Mago	Magician
Malabarista	Jongler
Mono	Maimuță
Música	Muzică
Payaso	Clovn
Tigre	Tigru
Traje	Costum
Truco	Truc

Ciudad
Oraș

Aeropuerto	Aeroport
Banco	Bancă
Biblioteca	Bibliotecă
Cine	Cinema
Clínica	Clinica
Escuela	Școală
Estadio	Stadion
Farmacia	Farmacie
Florista	Florar
Galería	Galerie
Hotel	Hotel
Librería	Librărie
Mercado	Piață
Museo	Muzeu
Panadería	Brutărie
Restaurante	Restaurant
Supermercado	Supermarket
Teatro	Teatru
Tienda	Magazin
Universidad	Universitate

Clima
Vremea

Atmósfera	Atmosferă
Brisa	Briză
Cielo	Cer
Clima	Climat
Hielo	Gheață
Huracán	Uragan
Inundación	Inundații
Monzón	Muson
Niebla	Ceață
Nube	Nor
Polar	Polar
Rayo	Fulger
Seco	Uscat
Sequía	Secetă
Temperatura	Temperatura
Tormenta	Furtună
Tornado	Tornadă
Tropical	Tropicale
Trueno	Tunet
Viento	Vânt

Cocina
Bucătărie

Caldera	Ceainic
Comida	Alimente
Congelador	Congelator
Cucharas	Linguri
Cucharón	Polonic
Cuchillos	Cuțite
Delantal	Șorț
Especias	Condimente
Esponja	Burete
Horno	Cuptor
Jarra	Ulcior
Palillos	Bețișoare
Parrilla	Grătar
Receta	Rețetă
Refrigerador	Frigider
Servilleta	Șervețel
Tarro	Borcan
Tazas	Cupe
Tazón	Castron
Tenedores	Furci

Colores
Culori

Amarillo	Galben
Azul	Albastru
Azur	Azur
Beige	Bej
Blanco	Alb
Carmesí	Crimson
Cian	Cyan
Fucsia	Fucsie
Gris	Gri
Índigo	Indigo
Magenta	Magenta
Marrón	Maro
Naranja	Portocaliu
Negro	Negru
Púrpura	Violet
Rojo	Roșu
Rosa	Roz
Sepia	Sepia
Verde	Verde

Comedia
Comedie

Actor	Actor
Actriz	Actriță
Aplauso	Aplauze
Audiencia	Public
Chistes	Glume
Diversión	Distracție
Expresivo	Expresiv
Género	Gen
Gracioso	Amuzant
Humor	Umor
Improvisación	Improvizație
Inteligente	Inteligent
Parodia	Parodie
Payasos	Clovni
Risa	Râs
Teatro	Teatru
Televisión	Televiziune

Comida #1
Alimente #1

Ajo	Usturoi
Albahaca	Busuioc
Atún	Ton
Azúcar	Zahăr
Canela	Scorțișoară
Carne	Carne
Cebada	Orz
Cebolla	Ceapă
Ensalada	Salată
Espinacas	Spanac
Fresa	Căpșună
Jugo	Suc
Leche	Lapte
Limón	Lămâie
Menta	Mentă
Nabo	Nap
Pera	Pară
Sal	Sare
Sopa	Supă
Zanahoria	Morcov

Comida #2
Alimente #2

Alcachofa	Anghinare
Almendra	Migdală
Apio	Țelină
Arroz	Orez
Berenjena	Vânătă
Cereza	Cireașă
Chocolate	Ciocolată
Huevo	Ou
Jengibre	Ghimbir
Kiwi	Kiwi
Manzana	Măr
Pan	Pâine
Pescado	Peşte
Plátano	Banană
Pollo	Pui
Queso	Brânză
Tomate	Roşie
Trigo	Grâu
Uva	Struguri
Yogur	Iaurt

Conduciendo
Conducere

Accidente	Accident
Calle	Stradă
Camión	Camion
Coche	Maşină
Combustible	Combustibil
Frenos	Frâne
Garaje	Garaj
Gas	Gaz
Licencia	Licență
Mapa	Hartă
Motocicleta	Motocicletă
Motor	Motor
Peatonal	Pieton
Peligro	Pericol
Policía	Politie
Seguridad	Siguranță
Transporte	Transport
Tráfico	Trafic
Túnel	Tunel
Velocidad	Viteză

Conservación
Conservare

Agua	Apă
Ambiental	Mediu
Cambios	Modificări
Ciclo	Ciclu
Clima	Climat
Contaminación	Poluare
Ecosistema	Ecosistem
Educación	Educație
Hábitat	Habitat
Natural	Firesc
Orgánico	Organic
Pesticida	Pesticid
Reciclar	Reciclare
Reducir	Reduce
Salud	Sănătate
Sostenible	Durabilă
Verde	Verde
Voluntario	Voluntar

Cuerpo Humano
Corpul Uman

Barbilla	Bărbie
Boca	Gură
Cabeza	Cap
Cara	Față
Cerebro	Creier
Codo	Cot
Corazón	Inimă
Cuello	Gât
Dedo	Deget
Hombro	Umăr
Lengua	Limbă
Mano	Mână
Nariz	Nas
Ojo	Ochi
Oreja	Ureche
Piel	Piele
Pierna	Picior
Rodilla	Genunchi
Sangre	Sânge
Tobillo	Gleznă

Cumpleaños
Ziua de Nastere

Alegre	Vesel
Amigos	Prieteni
Año	An
Calendario	Calendar
Canción	Cântec
Celebración	Celebrare
Día	Zi
Especial	Special
Feliz	Fericit
Invitaciones	Invitaţii
Joven	Tineri
Nacer	Născut
Partido	Petrecere
Pastel	Tort
Recuerdos	Amintiri
Regalo	Cadou
Sabiduría	Înţelepciune
Tarjetas	Carduri
Tiempo	Timp
Velas	Lumânări

Deportes
Sport

Español	Română
Atleta	Atlet
Árbitro	Arbitru
Baloncesto	Baschet
Béisbol	Baseball
Bicicleta	Bicicletă
Campeonato	Campionat
Entrenador	Antrenor
Equipo	Echipă
Estadio	Stadion
Ganador	Câştigător
Gimnasia	Gimnastică
Golf	Golf
Hockey	Hochei
Juego	Joc
Jugador	Jucător
Movimiento	Mişcare
Tenis	Tenis

Dinosaurios
Dinozaurii

Español	Română
Alas	Aripi
Carnívoro	Carnivor
Cola	Coadă
Desaparición	Dispariţie
Enorme	Enorm
Especie	Specie
Evolución	Evoluţie
Fósiles	Fosile
Grande	Mare
Herbívoro	Erbivor
Mamut	Mamut
Omnívoro	Omnivor
Poderoso	Puternic
Prehistórico	Preistoric
Presa	Pradă
Raptor	Raptor
Reptil	Reptilă
Tamaño	Mărimea
Tierra	Pământ
Vicioso	Vicios

Disciplinas Científicas
Disciplinele Ştiinţifice

Español	Română
Anatomía	Anatomie
Arqueología	Arheologie
Astronomía	Astronomie
Biología	Biologie
Bioquímica	Biochimie
Botánica	Botanică
Ecología	Ecologie
Fisiología	Fiziologie
Geología	Geologie
Inmunología	Imunologie
Lingüística	Lingvistică
Mecánica	Mecanica
Meteorología	Meteorologie
Mineralogía	Mineralogie
Neurología	Neurologie
Psicología	Psihologie
Química	Chimie
Sociología	Sociologie
Termodinámica	Termodinamică
Zoología	Zoologie

Días y Meses
Zile şi Lunile

Español	Română
Abril	Aprilie
Agosto	August
Año	An
Calendario	Calendar
Domingo	Duminică
Enero	Ianuarie
Febrero	Februarie
Jueves	Joi
Julio	Iulie
Junio	Iunie
Lunes	Luni
Martes	Marţi
Mes	Lună
Miércoles	Miercuri
Noviembre	Noiembrie
Octubre	Octombrie
Sábado	Sâmbătă
Semana	Săptămână
Septiembre	Septembrie
Viernes	Vineri

Ecología
Ecologie

Español	Română
Clima	Climat
Comunidades	Comunităţi
Diversidad	Diversitate
Especie	Specie
Fauna	Faună
Flora	Floră
Global	Global
Hábitat	Habitat
Marino	Marin
Natural	Firesc
Naturaleza	Natură
Pantano	Mlaştină
Plantas	Plante
Recursos	Resurse
Sequía	Secetă
Sostenible	Durabilă
Supervivencia	Supravieţuire
Variedad	Varietate
Vegetación	Vegetaţie
Voluntarios	Voluntari

Edificios
Constructii

Albergue	Pensiune
Apartamento	Apartament
Castillo	Castel
Cine	Cinema
Embajada	Ambasadă
Escuela	Școală
Estadio	Stadion
Fábrica	Fabrică
Garaje	Garaj
Granero	Hambar
Granja	Fermă
Hospital	Spital
Hotel	Hotel
Laboratorio	Laborator
Museo	Muzeu
Observatorio	Observator
Supermercado	Supermarket
Teatro	Teatru
Torre	Turn
Universidad	Universitate

Emociones
Emoții

Aburrimiento	Plictiseală
Agradecido	Recunoscător
Alegría	Bucurie
Alivio	Relief
Amor	Dragoste
Avergonzado	Jenat
Beatitud	Fericire
Bondad	Bunătate
Calma	Calm
Contenido	Conținut
Ira	Furie
Miedo	Frică
Paz	Pace
Relajado	Relaxat
Satisfecho	Satisfăcut
Simpatía	Simpatie
Sorpresa	Surpriză
Ternura	Sensibilitate
Tranquilidad	Liniște
Tristeza	Tristețe

Escalada
Alpinism

Altitud	Altitudine
Atmósfera	Atmosferă
Botas	Cizme
Casco	Cască
Cueva	Peșteră
Curiosidad	Curiozitate
Estabilidad	Stabilitate
Estrecho	Îngust
Experto	Expert
Físico	Fizic
Formación	Formare
Fuerza	Tărie
Guantes	Mănuși
Guías	Ghiduri
Mapa	Hartă
Senderismo	Drumeții
Terreno	Teren

Escuela #1
Școală #1

Alfabeto	Alfabet
Almuerzo	Prânz
Amigos	Prieteni
Aula	Clasă
Biblioteca	Bibliotecă
Carpetas	Dosare
Diversión	Distracție
Escritorio	Birou
Examen	Test
Exámenes	Examene
Lápiz	Creion
Libros	Cărți
Marcadores	Markeri
Matemática	Matematică
Números	Numere
Papel	Hârtie
Plumas	Stilouri
Profesor	Profesor
Respuestas	Răspunsuri
Silla	Scaun

Escuela #2
Școală #2

Académico	Academic
Autobús	Autobuz
Biblioteca	Bibliotecă
Calendario	Calendar
Ciencia	Știință
Diccionario	Dicționar
Educación	Educație
Gramática	Gramatică
Juegos	Jocuri
Lápiz	Creion
Lectura	Lectură
Libros	Cărți
Literatura	Literatură
Mochila	Rucsac
Ordenador	Calculator
Papel	Hârtie
Profesor	Profesor
Ropa	Haine
Suministros	Provizii
Tijeras	Foarfece

Especias
Condimente

Agrio	Acru
Ajo	Usturoi
Amargo	Amar
Anís	Anason
Azafrán	Șofran
Canela	Scorțișoară
Cardamomo	Cardamom
Cebolla	Ceapă
Comino	Chimion
Curry	Curry
Dulce	Dulce
Hinojo	Fenicul
Jengibre	Ghimbir
Nuez Moscada	Nucșoară
Pimentón	Paprika
Pimienta	Piper
Regaliz	Lemn Dulce
Sabor	Aromă
Sal	Sare
Vainilla	Vanilie

Exploración
Explorare

Actividad	Activitate
Agotamiento	Epuizare
Animales	Animale
Búsqueda	Quest
Coraje	Curaj
Culturas	Culturi
Desconocido	Necunoscut
Descubrimiento	Descoperire
Determinación	Determinare
Distante	Îndepărtat
Emoción	Emoție
Espacio	Spațiu
Idioma	Limba
Nuevo	Nou
Peligroso	Periculos
Salvaje	Sălbatic
Terreno	Teren
Viaje	Călătorie

Familia
Familie

Español	Română
Abuela	Bunica
Abuelo	Bunic
Antepasado	Strămoș
Esposa	Soție
Hermana	Sora
Hermano	Frate
Hija	Fiica
Infancia	Copilărie
Madre	Mamă
Marido	Soțul
Materno	Matern
Nieto	Nepot
Niño	Copil
Niños	Copii
Padre	Tată
Primo	Văr
Sobrina	Nepoată
Sobrino	Nepot
Tía	Mătușă
Tío	Unchi

Flores
Flori

Español	Română
Amapola	Mac
Diente de León	Păpădie
Gardenia	Gardenie
Hibisco	Hibiscus
Jazmín	Iasomie
Lavanda	Lavandă
Lila	Liliac
Lirio	Crin
Magnolia	Magnolie
Margarita	Margaretă
Narciso	Narcisă
Orquídea	Orhidee
Peonía	Bujor
Pétalo	Petală
Plumeria	Plumeria
Ramo	Buchet
Rosa	Trandafir
Trébol	Trifoi
Tulipán	Lalea

Formas
Forme

Español	Română
Arco	Arc
Bordes	Margini
Cilindro	Cilindru
Círculo	Cerc
Cono	Con
Cuadrado	Pătrat
Cubo	Cub
Curva	Curbă
Elipse	Elipsă
Esfera	Sferă
Esquina	Colț
Hipérbola	Hiperbolă
Lado	Parte
Línea	Linia
Oval	Oval
Pirámide	Piramidă
Polígono	Poligon
Prisma	Prismă
Rectángulo	Dreptunghi
Triángulo	Triunghi

Fruta
Fructe

Español	Română
Aguacate	Avocado
Albaricoque	Caisă
Baya	Bacă
Cereza	Cireașă
Coco	Nucă de Cocos
Frambuesa	Zmeură
Guayaba	Guava
Kiwi	Kiwi
Limón	Lămâie
Mango	Mango
Manzana	Măr
Melocotón	Piersică
Melón	Pepene
Naranja	Portocaliu
Nectarina	Nectarină
Papaya	Papaya
Pera	Pară
Piña	Ananas
Plátano	Banană
Uva	Struguri

Gatos
Pisicile

Español	Română
Afectuoso	Afectuos
Cazador	Vânător
Cola	Coadă
Curioso	Curios
Dormir	Somn
Garra	Gheară
Gracioso	Amuzant
Hilo	Fire
Independiente	Independent
Juguetón	Jucăuş
Loco	Nebun
Pata	Laba
Personalidad	Personalitate
Piel	Blană
Poco	Mic
Ratón	Șoarece
Rápido	Rapid
Salvaje	Sălbatic
Tímido	Timid

Geografía
Geografie

Altitud	Altitudine
Atlas	Atlas
Ciudad	Oraș
Continente	Continent
Hemisferio	Emisferă
Isla	Insulă
Latitud	Latitudine
Longitud	Longitudine
Mapa	Hartă
Mar	Mare
Meridiano	Meridian
Montaña	Munte
Mundo	Lume
Norte	Nord
Oeste	Vest
País	Țară
Región	Regiune
Río	Râu
Sur	Sud
Territorio	Teritoriu

Geología
Geologie

Ácido	Acid
Calcio	Calciu
Capa	Strat
Caverna	Cavernă
Continente	Continent
Coral	Coral
Cristales	Cristale
Cuarzo	Cuarț
Erosión	Eroziune
Estalactita	Stalactit
Estalagmitas	Stalagmite
Fósil	Fosil
Géiser	Gheizer
Lava	Lavă
Meseta	Platou
Minerales	Minerale
Piedra	Piatră
Sal	Sare
Terremoto	Cutremur
Volcán	Vulcan

Granja #1
Ferma # 1

Abeja	Albină
Agricultura	Agricultură
Agua	Apă
Arroz	Orez
Burro	Măgar
Caballo	Cal
Cabra	Capră
Campo	Câmp
Cuervo	Cioară
Fertilizante	Îngrășământ
Gato	Pisică
Heno	Fân
Miel	Miere
Perro	Câine
Pollo	Pui
Semillas	Semințe
Ternero	Vițel
Tierra	Teren
Vaca	Vacă
Valla	Gard

Granja #2
Ferma # 2

Agricultor	Fermier
Animales	Animale
Cebada	Orz
Colmena	Stup
Comida	Alimente
Cordero	Miel
Fruta	Fruct
Granero	Hambar
Huerto	Livadă
Leche	Lapte
Llama	Lamă
Maíz	Porumb
Oveja	Oaie
Pastor	Păstor
Pato	Rață
Prado	Luncă
Riego	Irigare
Tractor	Tractor
Trigo	Grâu
Vegetal	Vegetal

Herboristería
Plante Medicinale

Ajo	Usturoi
Albahaca	Busuioc
Aromático	Aromat
Azafrán	Șofran
Calidad	Calitate
Culinario	Culinar
Eneldo	Mărar
Estragón	Tarhon
Flor	Floare
Hinojo	Fenicul
Ingrediente	Ingredient
Jardín	Grădină
Lavanda	Lavandă
Mejorana	Maghiran
Menta	Mentă
Perejil	Pătrunjel
Planta	Plantă
Romero	Rozmarin
Sabor	Aromă
Verde	Verde

Insectos
Insectele

Abeja	Albină
Avispa	Viespe
Áfido	Afidă
Cigarra	Greier
Escarabajo	Gândac
Gusano	Vierme
Hormiga	Furnică
Langosta	Salcâm
Larva	Larvă
Libélula	Libelulă
Mantis	Mantis
Mariposa	Fluture
Mariquita	Gărgăriță
Mosquito	Țânțar
Polilla	Molie
Pulga	Purici
Saltamontes	Lăcustă
Termita	Termită

Instrumentos Musicales
Instrumente Muzicale

Armónica	Muzicuță
Arpa	Harpă
Banjo	Banjo
Clarinete	Clarinet
Fagot	Fagot
Flauta	Flaut
Gong	Gong
Guitarra	Chitară
Mandolina	Mandolină
Marimba	Marimba
Oboe	Oboi
Pandereta	Tamburină
Percusión	Percuţie
Piano	Pian
Saxofón	Saxofon
Tambor	Tobă
Trombón	Trombon
Trompeta	Trompetă
Violín	Vioară
Violonchelo	Violoncel

Jardín
Grădină

Arbusto	Tufiş
Árbol	Copac
Banco	Bancă
Césped	Gazon
Estanque	Iaz
Flor	Floare
Garaje	Garaj
Hamaca	Hamac
Hierba	Iarbă
Huerto	Livadă
Jardín	Grădină
Malezas	Buruieni
Manguera	Furtun
Pala	Lopată
Porche	Verandă
Rastrillo	Greblă
Suelo	Sol
Terraza	Terasă
Trampolín	Trambulină
Valla	Gard

Juguetes
Jucării

Ajedrez	Şah
Arcilla	Lut
Artesanía	Meşteşuguri
Avión	Avion
Barco	Barcă
Bicicleta	Bicicletă
Bola	Minge
Camión	Camion
Coche	Maşină
Cometa	Zmeu
Favorito	Favorit
Imaginación	Imaginaţie
Juegos	Jocuri
Libros	Cărţi
Muñeca	Păpuşă
Pinturas	Vopsele
Robot	Robot
Rompecabezas	Puzzle
Tambores	Tobe
Tren	Tren

Libros
Cărţi

Autor	Autor
Aventura	Aventură
Colección	Colecţie
Contexto	Context
Dualidad	Dualitate
Escrito	Scris
Historia	Poveste
Histórico	Istoric
Humorístico	Plin de Umor
Inventivo	Inventiv
Lector	Cititor
Literario	Literar
Narrador	Narator
Novela	Roman
Página	Pagină
Pertinente	Relevant
Poema	Poem
Poesía	Poezie
Serie	Serie
Trágico	Tragic

Literatura
Literatură

Analogía	Analogie
Análisis	Analiză
Anécdota	Anecdotă
Autor	Autor
Biografía	Biografie
Comparación	Comparaţie
Conclusión	Concluzie
Descripción	Descriere
Diálogo	Dialog
Estilo	Stil
Ficción	Ficţiune
Metáfora	Metaforă
Narrador	Narator
Novela	Roman
Poema	Poem
Poético	Poetic
Rima	Rimă
Ritmo	Ritm
Tema	Temă
Tragedia	Tragedie

Mamíferos
Mamiferele

Ballena	Balenă
Burro	Măgar
Caballo	Cal
Camello	Cămilă
Canguro	Cangur
Cebra	Zebră
Conejo	Iepure
Coyote	Coiot
Delfín	Delfin
Elefante	Elefant
Gato	Pisică
Gorila	Gorilă
Jirafa	Girafă
Lobo	Lup
Mono	Maimuţă
Oso	Urs
Oveja	Oaie
Perro	Câine
Toro	Taur
Zorro	Vulpe

Mascotas
Animale de Companie

Agua	Apă
Cabra	Capră
Cachorro	Cățeluș
Cola	Coadă
Collar	Guler
Comida	Alimente
Conejo	Iepure
Correa	Lesă
Garras	Gheare
Gatito	Pisoi
Gato	Pisică
Hámster	Hamster
Lagarto	Șopârlă
Loro	Papagal
Patas	Labe
Perro	Câine
Pescado	Pește
Ratón	Șoarece
Vaca	Vacă
Veterinario	Veterinar

Matemáticas
Matematică

Aritmética	Aritmetică
Ángulos	Unghiuri
Circunferencia	Circumferință
Decimal	Zecimal
Diámetro	Diametru
Ecuación	Ecuație
Esfera	Sferă
Exponente	Exponent
Fracción	Fracțiune
Geometría	Geometrie
Paralelo	Paralel
Paralelogramo	Paralelogram
Perímetro	Perimetru
Perpendicular	Perpendicular
Polígono	Poligon
Radio	Rază
Rectángulo	Dreptunghi
Simetría	Simetrie
Triángulo	Triunghi
Volumen	Volum

Mediciones
Măsurătorile

Altura	Înălțime
Ancho	Lățime
Byte	Byte
Centímetro	Centimetru
Decimal	Zecimal
Grado	Grad
Gramo	Gram
Kilogramo	Kilogram
Kilómetro	Kilometru
Litro	Litru
Longitud	Lungime
Masa	Masă
Metro	Metru
Minuto	Minut
Onza	Uncie
Peso	Greutate
Profundidad	Adâncime
Pulgada	Inch
Tonelada	Tonă
Volumen	Volum

Meditación
Meditație

Aceptación	Acceptare
Atención	Atenție
Bondad	Bunătate
Calma	Calm
Claridad	Claritate
Compasión	Compasiune
Emociones	Emoții
Gratitud	Recunoștință
Mental	Mental
Mente	Minte
Movimiento	Mișcare
Música	Muzică
Naturaleza	Natură
Observación	Observare
Paz	Pace
Pensamientos	Gânduri
Perspectiva	Perspectivă
Postura	Postură
Respiración	Respirație
Silencio	Tăcere

Mitología
Mitologie

Arquetipo	Arhetip
Celos	Gelozie
Cielo	Cer
Comportamiento	Comportament
Creación	Creare
Creencias	Credințe
Criatura	Făptură
Cultura	Cultură
Desastre	Dezastru
Fuerza	Tărie
Guerrero	Războinic
Héroe	Erou
Inmortalidad	Nemurire
Laberinto	Labirint
Leyenda	Legendă
Monstruo	Monstru
Mortal	Muritor
Rayo	Fulger
Trueno	Tunet
Venganza	Răzbunare

Mueble
Mobilier

Alfombra	Covor
Almohada	Pernă
Banco	Bancă
Cama	Pat
Cojines	Perne
Colchón	Saltea
Cortinas	Perdele
Cómoda	Dulap
Escritorio	Birou
Espejo	Oglindă
Estantería	Bibliotecă
Estantes	Rafturi
Futón	Futon
Hamaca	Hamac
Lámpara	Lampă
Silla	Scaun
Sillón	Fotoliu
Sofá	Canapea

Naturaleza
Natura

Abejas	Albine
Animales	Animale
Ártico	Arctic
Belleza	Frumusețe
Bosque	Pădure
Desierto	Deșert
Dinámico	Dinamic
Erosión	Eroziune
Follaje	Frunze
Glaciar	Ghețar
Niebla	Ceață
Nubes	Nori
Pacífico	Pașnică
Refugio	Adăpost
Río	Râu
Salvaje	Sălbatic
Santuario	Sanctuar
Sereno	Senin
Tropical	Tropical
Vital	Vital

Nutrición
Alimentație

Amargo	Amar
Apetito	Apetit
Calidad	Calitate
Calorías	Calorii
Carbohidratos	Glucide
Cereales	Cereale
Comestible	Comestibil
Dieta	Dietă
Digestión	Digestie
Equilibrado	Echilibrat
Fermentación	Fermentație
Nutriente	Nutrient
Peso	Greutate
Proteínas	Proteine
Sabor	Aromă
Salsa	Sos
Salud	Sănătate
Saludable	Sănătos
Toxina	Toxină
Vitamina	Vitamină

Números
Numerele

Catorce	Paisprezece
Cero	Zero
Cinco	Cinci
Cuatro	Patru
Decimal	Zecimal
Diecinueve	Nouăsprezece
Dieciocho	Optsprezece
Dieciséis	Șaisprezece
Diecisiete	Șaptesprezece
Diez	Zece
Doce	Doisprezece
Dos	Doi
Nueve	Nouă
Ocho	Opt
Quince	Cincisprezece
Seis	Șase
Siete	Șapte
Trece	Treisprezece
Tres	Trei
Veinte	Douăzeci

Océano
Ocean

Alga	Alge
Anguila	Anghilă
Arrecife	Recif
Atún	Ton
Ballena	Balenă
Barco	Barcă
Camarón	Crevetă
Cangrejo	Crab
Coral	Coral
Delfín	Delfin
Esponja	Burete
Mareas	Maree
Medusa	Meduze
Olas	Valuri
Ostra	Stridie
Pescado	Pește
Pulpo	Caracatiță
Sal	Sare
Tiburón	Rechin
Tormenta	Furtună

Paisajes
Peisaje

Cascada	Cascadă
Cueva	Peșteră
Desierto	Deșert
Estuario	Estuar
Géiser	Gheizer
Glaciar	Ghețar
Iceberg	Aisberg
Isla	Insulă
Lago	Lac
Laguna	Lagună
Mar	Mare
Montaña	Munte
Oasis	Oază
Pantano	Mlaștină
Península	Peninsulă
Playa	Plajă
Río	Râu
Tundra	Tundră
Valle	Vale
Volcán	Vulcan

Países #2
Țările #2

Albania	Albania
Australia	Australia
Austria	Austria
Dinamarca	Danemarca
Etiopía	Etiopia
Francia	Franța
Grecia	Grecia
Indonesia	Indonezia
Irlanda	Irlanda
Jamaica	Jamaica
Japón	Japonia
Laos	Laos
México	Mexic
Pakistán	Pakistan
Portugal	Portugalia
Rusia	Rusia
Siria	Siria
Sudán	Sudan
Ucrania	Ucraina
Uganda	Uganda

Pájaros
Păsări

Avestruz	Struț
Águila	Vultur
Cigüeña	Barză
Cisne	Lebădă
Cuco	Cuc
Cuervo	Cioară
Flamenco	Flamingo
Ganso	Gâscă
Garza	Stârc
Gaviota	Pescăruș
Gorrión	Vrabie
Halcón	Șoim
Huevo	Ou
Loro	Papagal
Paloma	Porumbel
Pato	Rață
Pelícano	Pelican
Pingüino	Pinguin
Pollo	Pui
Tucán	Toucan

Pesca
Pescuit

Agua	Apă
Aletas	Aripioare
Barco	Barcă
Branquias	Branhii
Cable	Sârmă
Cebo	Momeală
Cesta	Coș
Cocinar	Bucătar
Equipo	Echipament
Exageración	Exagerare
Gancho	Cârlig
Lago	Lac
Mandíbula	Falcă
Océano	Ocean
Paciencia	Răbdare
Peso	Greutate
Playa	Plajă
Río	Râu
Temporada	Sezon

Piratas
Piratii

Ancla	Ancoră
Aventura	Aventură
Bandera	Drapel
Brújula	Busolă
Capitán	Căpitan
Cicatriz	Cicatrice
Cueva	Peșteră
Espada	Sabie
Isla	Insulă
Leyenda	Legendă
Loro	Papagal
Malo	Rău
Mapa	Hartă
Monedas	Monede
Oro	Aur
Peligro	Pericol
Playa	Plajă
Ron	Rom
Tesoro	Comoară
Tripulación	Echipaj

Plantas
Plante

Arbusto	Tufiș
Árbol	Copac
Bambú	Bambus
Baya	Bacă
Bosque	Pădure
Botánica	Botanică
Cactus	Cactus
Fertilizante	Îngrășământ
Flor	Floare
Flora	Floră
Follaje	Frunze
Frijol	Fasole
Hiedra	Iederă
Hierba	Iarbă
Hoja	Frunză
Jardín	Grădină
Musgo	Mușchi
Pétalo	Petală
Raíz	Rădăcină
Vegetación	Vegetație

Profesiones #1
Profesiile #1

Abogado	Avocat
Astrónomo	Astronom
Atleta	Atlet
Bailarín	Dansator
Banquero	Bancher
Bombero	Pompier
Cartógrafo	Cartograf
Cazador	Vânător
Científico	Om de Știință
Doctor	Doctor
Editor	Editor
Embajador	Ambasador
Entrenador	Antrenor
Fontanero	Instalator
Geólogo	Geolog
Joyero	Bijutier
Músico	Muzician
Pianista	Pianist
Psicólogo	Psiholog
Veterinario	Veterinar

Profesiones #2
Profesiile #2

Astronauta	Astronaut
Bibliotecario	Bibliotecar
Biólogo	Biolog
Cirujano	Chirurg
Dentista	Dentist
Detective	Detectiv
Filósofo	Filozof
Fotógrafo	Fotograf
Ilustrador	Ilustrator
Ingeniero	Inginer
Inventor	Inventator
Investigador	Cercetător
Jardinero	Grădinar
Lingüista	Lingvist
Médico	Medic
Periodista	Jurnalist
Piloto	Pilot
Pintor	Pictor
Profesor	Profesor
Zoólogo	Zoolog

Rellenar
Pentru a Umple

Bandeja	Tavă
Bañera	Cadă
Barril	Butoi
Bolsa	Sac
Bolsillo	Buzunar
Botella	Sticlă
Caja	Cutie
Cajón	Sertar
Carpeta	Dosar
Cesta	Coş
Cubo	Găleată
Cuenca	Bazin
Jarrón	Vază
Maleta	Valiză
Paquete	Pachet
Sobre	Plic
Tarro	Borcan
Tubo	Tub

Restaurante #1
Restaurantul #1

Alergia	Alergie
Café	Cafea
Cajero	Casier
Camarera	Chelneriţă
Carne	Carne
Cocina	Bucătărie
Comida	Alimente
Cuchillo	Cuţit
Ingredientes	Ingrediente
Menú	Meniu
Pan	Pâine
Picante	Picant
Plato	Farfurie
Pollo	Pui
Postre	Desert
Reserva	Rezervare
Salsa	Sos
Servilleta	Şerveţel
Tazón	Castron

Restaurante #2
Restaurantul #2

Agua	Apă
Almuerzo	Prânz
Aperitivo	Aperitiv
Bebida	Băutură
Camarero	Chelner
Cena	Cina
Cuchara	Lingură
Delicioso	Delicios
Ensalada	Salată
Especias	Condimente
Fruta	Fruct
Hielo	Gheaţă
Huevos	Ouă
Pastel	Tort
Pescado	Peşte
Sal	Sare
Silla	Scaun
Sopa	Supă
Tenedor	Furcă
Verduras	Legume

Ropa
Haine

Abrigo	Haina
Blusa	Bluză
Bufanda	Eşarfă
Camisa	Cămaşă
Chaqueta	Sacou
Cinturón	Curea
Collar	Colier
Delantal	Şorţ
Falda	Fusta
Guantes	Mănuşi
Joyas	Bijuterii
Moda	Modă
Pantalones	Pantaloni
Pijama	Pijama
Pulsera	Brăţară
Sandalias	Sandale
Sombrero	Pălărie
Suéter	Pulover
Vestido	Rochie
Zapato	Pantof

Selva Tropical
Pădurea Tropicală

Anfibios	Amfibieni
Botánico	Botanic
Clima	Climat
Comunidad	Comunitate
Diversidad	Diversitate
Especie	Specie
Indígena	Indigene
Insectos	Insecte
Mamíferos	Mamifere
Musgo	Muşchi
Naturaleza	Natură
Nubes	Nori
Pájaros	Păsări
Preservación	Conservare
Refugio	Refugiu
Respeto	Respect
Restauración	Restaurare
Selva	Junglă
Supervivencia	Supravieţuire
Valioso	Valoros

Senderismo
Drumeţii

Acantilado	Stâncă
Agua	Apă
Animales	Animale
Botas	Cizme
Camping	Camping
Cansado	Obosit
Clima	Climat
Cumbre	Summit
Guías	Ghiduri
Mapa	Hartă
Montaña	Munte
Mosquitos	Ţânţari
Naturaleza	Natură
Orientación	Orientare
Parques	Parcuri
Pesado	Greu
Piedras	Pietre
Preparación	Pregătirea
Salvaje	Sălbatic
Sol	Soare

Suministros de Arte
Materiale de Artă

Aceite	Ulei
Acrílico	Acrilic
Acuarelas	Acuarele
Agua	Apă
Arcilla	Lut
Borrador	Radieră
Caballete	Șevalet
Cámara	Aparat Foto
Cepillos	Perii
Colores	Culori
Creatividad	Creativitate
Ideas	Idei
Lápices	Creioane
Mesa	Tabel
Papel	Hârtie
Pasteles	Pasteluri
Pegamento	Lipici
Pinturas	Vopsele
Silla	Scaun
Tinta	Cerneală

Surf
Navigare

Arrecife	Recif
Atleta	Atlet
Campeón	Campion
Clima	Vreme
Diversión	Distracţie
Espuma	Spumă
Estilo	Stil
Estómago	Stomac
Extremo	Extrem
Fuerza	Tărie
Multitudes	Mulţimi
Océano	Ocean
Ola	Val
Playa	Plajă
Popular	Popular
Principiante	Începător
Remo	Paletă
Rociar	Spray
Velocidad	Viteză

Tecnología
Tehnologie

Archivo	Fişier
Blog	Blog
Bytes	Bytes
Cámara	Aparat Foto
Cursor	Cursor
Datos	Date
Digital	Digital
Estadísticas	Statistici
Fuente	Font
Internet	Internet
Investigación	Cercetare
Mensaje	Mesaj
Navegador	Browser
Ordenador	Calculator
Pantalla	Ecran
Seguridad	Securitate
Software	Software
Virtual	Virtual
Virus	Virus

Tiempo
Timp

Ahora	Acum
Antes	Înainte
Anual	Anual
Año	An
Ayer	Ieri
Calendario	Calendar
Década	Deceniu
Día	Zi
Futuro	Viitor
Hora	Oră
Hoy	Azi
Mañana	Dimineaţă
Mediodía	Amiază
Mes	Lună
Minuto	Minut
Momento	Clipă
Noche	Noapte
Roloj	Ceas
Semana	Săptămână
Siglo	Sccol

Tipos de Cabello
Tipuri de Par

Blanco	Alb
Brillante	Lucios
Calvo	Chel
Corto	Scurt
Delgada	Subţire
Gris	Gri
Grueso	Gros
Largo	Lung
Marrón	Maro
Negro	Negru
Ondulado	Ondulat
Plata	Argint
Rizado	Cret
Rizos	Bucle
Rubio	Blond
Saludable	Sănătos
Seco	Uscat
Suave	Moale
Trenzado	Împletit
Trenzas	Împletituri

Vacaciones #2
Vacanţă #2

Aeropuerto	Aeroport
Carpa	Cort
Destino	Destinaţie
Extranjero	Străin
Fotos	Fotografii
Hotel	Hotel
Isla	Insulă
Mapa	Hartă
Mar	Mare
Ocio	Timp Liber
Pasaporte	Paşaport
Playa	Plajă
Reservas	Rezervări
Restaurante	Restaurant
Taxi	Taxi
Transporte	Transport
Tren	Tren
Vacaciones	Vacanţă
Viaje	Călătorie
Visa	Viză

Vehículos
Autovehicule

Ambulancia	Ambulanţă
Autobús	Autobuz
Avión	Avion
Balsa	Plută
Barco	Barcă
Bicicleta	Bicicletă
Camión	Camion
Caravana	Caravană
Coche	Maşină
Cohete	Rachetă
Ferry	Bac
Helicóptero	Elicopter
Lanzadera	Navetă
Metro	Metrou
Motor	Motor
Neumáticos	Anvelope
Submarino	Submarin
Taxi	Taxi
Tractor	Tractor
Tren	Tren

Verano
Vara

Alegría	Bucurie
Amigos	Prieteni
Buceo	Scufundări
Camping	Camping
Comida	Alimente
Estrellas	Stele
Familia	Familie
Hogar	Acasă
Jardín	Grădină
Juegos	Jocuri
Libros	Cărţi
Mar	Mare
Música	Muzică
Ocio	Timp Liber
Playa	Plajă
Recuerdos	Amintiri
Relajación	Relaxare
Sandalias	Sandale
Vacaciones	Vacanţă
Viaje	Călătorie

Verduras
Legume

Ajo	Usturoi
Alcachofa	Anghinare
Apio	Ţelină
Berenjena	Vânătă
Brócoli	Broccoli
Calabaza	Dovleac
Cebolla	Ceapă
Ensalada	Salată
Espinacas	Spanac
Guisante	Mazăre
Jengibre	Ghimbir
Nabo	Nap
Oliva	Măslină
Patata	Cartof
Pepino	Castravete
Perejil	Pătrunjel
Rábano	Ridiche
Seta	Ciupercă
Tomate	Roşie
Zanahoria	Morcov

Virtudes #1
Virtuţile #1

Apasionado	Pasionat
Artístico	Artistic
Bien	Bun
Curioso	Curios
Decisivo	Decisiv
Eficiente	Eficient
Encantador	Fermecător
Fiable	De Încredere
Generoso	Generos
Gracioso	Amuzant
Imaginativo	Imaginativ
Independiente	Independent
Inteligente	Inteligent
Limpio	Curat
Modesto	Modest
Paciente	Pacient
Práctico	Practic
Sabio	Înţelept
Útil	Util

Enhorabuena

Lo has conseguido!

Esperamos que hayas disfrutado de este libro tanto como nosotros al diseñarlo. Nos esforzamos por crear libros de la máxima calidad posible.
Esta edición está diseñada para proporcionar un aprendizaje inteligente, de calidad y divertido!

¿Te ha gustado este libro?

Una Petición Sencilla

Estos libros existen gracias a las reseñas que se publican.
¿Podrías ayudarnos dejando una reseña ahora?
Aquí tienes un breve enlace a la página de reseñas

BestBooksActivity.com/Opiniones50

¡DESAFÍO FINAL!

Reto n°1

¿Estás listo para tu juego gratis? Los utilizamos siempre, pero no son tan fáciles de encontrar. ¡Aquí están los **Sinónimos!**

Escribe 5 palabras que hayas encontrado en los rompecabezas (#21, #36, #76) y trata de encontrar 2 sinónimos para cada palabra.

Escriba 5 palabras del *Puzzle 21*

Palabras	Sinónimo 1	Sinónimo 2

Escriba 5 palabras del *Puzzle 36*

Palabras	Sinónimo 1	Sinónimo 2

Escriba 5 palabras del *Puzzle 76*

Palabras	Sinónimo 1	Sinónimo 2

Reto n°2

Ahora que te has calentado, escribe 5 palabras que hayas encontrado en los Puzzles 9, 17 y 25 e intenta encontrar 2 antónimos para cada palabra. ¿Cuántos puedes encontrar en 20 minutos?

*Escriba 5 palabras del **Puzzle 9***

Palabras	Antónimo 1	Antónimo 2

*Escriba 5 palabras del **Puzzle 17***

Palabras	Antónimo 1	Antónimo 2

*Escriba 5 palabras del **Puzzle 25***

Palabras	Antónimo 1	Antónimo 2

Reto n°3

¡Genial! Este desafío final no es nada para ti.

¿Preparado para el reto final? Elige 10 palabras que hayas descubierto en los diferentes rompecabezas y escríbelas a continuación.

1.	6.
2.	7.
3.	8.
4.	9.
5.	10.

Ahora escribe un texto pensando en una persona, un animal o un lugar que te guste.

Puedes usar la última página de este libro como borrador.

Tu Composición:

CUADERNO DE NOTAS :

HASTA PRONTO !

Todo el Equipo

DESCUBRA
JUEGOS
GRATIS

GO

↓

BESTACTIVITYBOOKS.COM/FREEGAMES